기업스토리 006

괴짜 경영자의 경영철학

양말 60년 외길

Tabio

오치 나오마사 지음 | 김진희 옮김

AK
STORY

타비오Tabio는 종자에서부터 만든다.

2009년부터 양말의 원료가 되는 면 소재를 연구 개발하기 위해, 나라 현 고료 초奈良県 広陵町에 있는 약 2만 1000평 규모의 밭에서 면화를 재배하고 있다. 면화 재배 사업 분야에서 일본 최대 면적을 자랑한다.

일본에서 제일 밀짚모자가 잘 어울리는 경영자.
매년 지역 주민을 초청해 면화 수확하기 대회를 개최한다. 가지 끝에 맺힌 다래가 여물면 보드라운 면이 모습을 드러낸다. 오치 회장이 직접 면화를 수확한다.

우리의 '사무라이' 체인.

굳건한 신뢰 관계로 구축된 협력공장에서 일본 국내산 양말을 생산한다. 생산 현장에서는 온도와 습도를 철저하게 관리하여 높은 품질을 유지한다.

일본 장인의 섬세한 기술로 제조한다.

양말은 버튼만 누르면 자동으로 만들어지는 제품이 아니다. 공정 대부분에 사람의 손길이 필요하다. 착용감 좋은 양말을 만들기 위해서는 양말 종류에 따라서 편물 기계를 교체해야 한다. 1965년경에 제작된 왼쪽 기계는 이미 메이커에서도 제조가 중단되어 직접 수리하면서 사용하고 있다.

제품 하나하나를 직접 손과 눈으로 확인하며 만든다.

양말은 여러 개의 양말이 주르륵 연결된 원통형으로 편물 된다. 이를 나중에 분리하여 우리가 평소에 보는 양말 모양으로 만든다. 이때 사람이 직접 눈으로 풀리거나 터진 데가 없는지 하나하나 확인한다. 또 양말은 두 장이 한 컬레이다. 두 장을 선별해 한 컬레로 만드는 '페어링' 작업도 사람이 직접 손으로 한다.

이곳에서 전국 매장으로 배송된다.

나라 현 고료 초에 위치한 물류 센터, 타비오나라Tabio奈良. 여기에서 양말 전문 매장 '쿠츠시타야
靴下屋'를 비롯하여 전국의 각 매장으로 매일 제품을 배송한다. 양말의 편안한 착용감을 유지하기
위해서 꽉꽉 눌러 담지 않고 여유 있게 담는 것이 포인트이다.

달리기 실력과 골프 실력도 좋아진다?

최정상 운동선수와 함께 2년에 걸쳐서 공동 개발한 스포츠 양말 브랜드 '타비오 스포츠Tabio Sports'. 발바닥의 안쪽 아치 부분을 받쳐 주어 피로를 경감시켜준다.

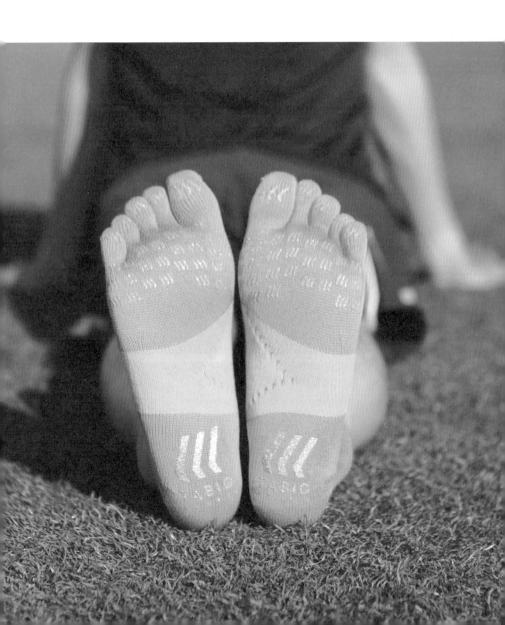

Tabio
Made in Japan

제2의 피부를 지향하다.

양말은 겉실, 속실. 고무실의 세 가지 실로 만들어진다. 숙련된 장인이 겉실의 품질을 최대한으로 살려서 세 종류의 실을 균형 있게 조합한다. 조합 밸런스가 절묘한 타비오 양말은 신고 있다는 사실을 잊을 만큼 피팅감이 뛰어나다. 마치 제2의 피부처럼 느껴진다

　난 1939년생으로 올해(2016년 5월)로 만 76세가 됐다. 얼마 전에 시부야渋谷에 위치한 도쿄지점東京支店으로 향하는 길에 핑크색 옷을 입은 어느 젊은 여성을 보고 말을 걸려다가 말았다.

　옷을 예쁘게 차려입은 다리가 미끈한 여성이었다. 하지만 갑자기 낯선 아저씨가 말을 걸면 놀랄 듯싶어 그만두었다. 그리고 지점으로 서둘러 뛰어가, 직원에게 "아직 근처에 있을 테니까 내 대신 누가 가서 좀 데리고 와줘"라고 했다. 하지만 싫은 얼굴을 하고 아마도 여성을 쫓아가 주지 않았다. 정말이지 내 마음을 알아주는 직원이 한 명도 없었다.

　아! 결코 오해하지 않기를 바란다. 말을 걸려고 했던 것은 양말 때문이었으니까.

　여성이 신은 스타킹은 딱 봐도 싸구려였다. 척 보면 안다. 게다가 무릎 뒤쪽은 닳아서 주름까지 잡혀 있었다.

　시부야역渋谷駅 앞에는 청동으로 만들어진 개 동상이 있는데, 우리 매장은 동상 쪽으로 나오는 출구가 아니라 정반대편 출구 쪽에 있다. 난 여성을 쫓아 개 동상이 있는 곳까지 갔다. "아가씨! 스타킹 뒤쪽이 쭈글쭈글해요. 차라리 벗고 맨다리를 드러내는 게 더 예쁘겠어요."라고 충고해 줄 생각이었다.

　내가 양말 장수라서 하는 말이 아니라, 남자든 여자든 다리가 예쁜 사람에게 끌리는 법이다. 예쁜 다리에 지저분한 양말을 신어서는 안 된다. 예쁜 다리에는 예쁜 양말을 신어야 한다. 지극히 당연한 이야기이다.

그 여성은 낡은 스타킹으로 자기 매력을 떨어트리고 있었다. 불쌍하고 무척이나 안타까웠다. 왜 그때 용기 내서 말 걸지 못했을까. 지금도 후회된다.

내가 좀 이상한가. 난 내가 완벽하게 정상이라고 생각하지만, 주위에서는 "회장님께서는 양말 일이라면 사람이 확 바뀌어요. 도가 지나칩니다. 이상하고 기상천외해요. 꼭 양말을 만드는 사이보그 같아요."라고 한다. 하지만 난 양말 장수니까 양말에 열중하는 것이 당연하다고 생각한다. 정말로 그 여성에게 미안할 따름이다.

역시 내가 좀 이상한 것일까?

자기소개가 늦었는데, 내 이름은 오치 나오마사越智直正이다. 타비오라는 양말 회사를 설립했고, 지금은 '회장'이라는 요란한 직함을 달고 있지만, 그냥 양말 장수라고 생각해 주길 바란다.

중학교를 졸업하고 곧 고향 에히메 현愛媛県을 떠나 홀로 오사카大阪로 상경했다. 양말 도매상에서 도제 견습생(丁稚奉行. 10살 전후의 어린이가 상점에서 심부름과 잡일, 호객 등을 하는 것을 말한다. 숙식이 제공되지만 월급은 적거나 거의 없었다−역자 주)일을 하기 위해서였다. 그 후로 60년……. 오로지 양말만 바라보며 한평생을 살았다.

세토내해瀬戸内海를 바라보는 작은 마을, 에히메 현 슈후무라(현 사이조시 西条市)에서 11형제 중 막내로 태어났다. 중학생 때 아버지를 여의고, 15살 때 오사카의 킹 양말 스즈시카 상점King靴下鈴鹿商店에서 심부름꾼으로 견습 일을 시작, 28살에 독립하기까지 13년간 여기에서 장사의 기본을 철저하게 익혔다.

타비오의 전신인 양말 도매상 '단삭스Dan Socks'를 창업했던 것은 1968년 3월이었다. 그 후로 수없이 많은 일이 있었다. 빚더미에 앉기도 했고, 일본 국내로 중국제 염가품이 유입되어 혹독한 시간을 겪기도 했고, 치열한 가격 경쟁에 휘말리기도 했다…. 하지만 일관되게 품질 좋은 일본 국산 양말만 만들었다.

50년 전, 도제 견습생 시절에 대장(大将. 가게 종업원의 우두머리. 현재의 매니저, 또는 점장에 해당한다. 이후 '점장'으로 표기 −편집자 주)이 곧잘 내게 이런 말을 했었다.

"음악가랑 화가가 자기 생각을 형태화한 게 악보랑 그림이야. 마찬가지로 양말에는 양말 장수의 마음과 정신이 나타나게 되어 있어. 그러니까 양말이라고 생각하지 말고, 너 자신이라고 생각해. 또 좋은 양말을 만들고 싶으면 인간성을 갈고 닦아. 사람은 자기 인격에 상응하는 상품밖에는 만들지 못하는 법이니까."

점장의 말을 들을 때마다 '나도 꼭 좋은 상품을 만들어야지' 하고 굳게 다짐했다. '나한테서 양말을 빼면 아무것도 안 남아. 무언가에 인생을 걸어야 한다면 난 양말에 걸겠어. 오로지 양말!'이라며 전념했다. 기계에 실을 거는 방법, 실 염색법, 옷감 짜는 방법 등 모든 것을 필사적으로 공부했다. 자전거를 타고 나라奈良 현내에 있는 거래처 공장을 돌며 익혀야 할 것을 빠짐없이 익혔다.

좋은 양말을 파는 곳이 있다는 말을 들으면 어디든지 날아갔다. 나는 전 세계 그 누구보다 좋은 양말인지 아닌지를 간파하는 안목이 뛰어나다고 자부한다. 도제 견습생으로 일하던 시절, 휴일은 한 달에 반나절뿐이었다. 하지만 귀한 그 휴일에 한큐阪急와 다이마루大丸 등 여러 백화점을 둘러보러 다녔다. 매장에 어떤 양말이 진열되어 있고 어떤 양말이 잘 팔리는지 보는 것만으로도 공부가 됐고 또 재미있었다. 하지만 당시 월급이 고작 1,500엔 정도였기 때문에 도저히 살 수는 없었다.

그래서 쇼윈도에 진열된 상품을 보여 달라고 한 다음에, 점원 몰래 양말을 볼에 대보기도 하고 깨물어 보기도 하며 촉감을 확인했었다. 점원 여성분은 경악스러운 표정을 지었지만 뭐라고 하진 않았다. 머리가 좀 이상한 아이라고 생각했을지도 모르겠다.

양말의 탄력을 확인하는 제일 좋은 방법은 씹어 보는 것이다. 좋은 양말은 이 자국이 남지 않고 자연스럽게 원상태로 돌아오지만, 품질이 떨어지는 양말에는 이 자국이 그대로 남는다. 단, 씹는 요령이 있다. 몇 분간 일정한 힘으로 계속 깨물어야 한다. 그래서 물 받는 대야에 얼굴을 담그고 숨을 참는 연습도 했었다.

15~6살 때부터 맨발로 생활하기 시작했던 것도 양말 때문이다. 나는 지금도 늘 맨발에 샌들을 신는다. 회사에 출근할 때도 마찬가지다. 소재, 신고 벗을 때의 느낌, 조이는 정도, 피부에 닿았을 때의 촉감 등 미묘하게 다른 상품의 완성도와 착용감을 정확하게 체크하기 위해서는 평소에 양말을 신지 않는 것이 최고이다. 양말을 신으면 발 감각이 둔해지기 때문이다. 난 지금도 거의 모든 상품을 개발 단계에서 하나씩 착용감을 확인한다. 많이 신어보는 날에는 하루에 약 300켤레를 신기도 한다. 양말의 품질은 판별하는 발 감각은 우리 회사의 생명줄이다.

보거나 만지거나 신어보고 "아! 이 양말은 틀렸어!" 하고 판별해 낼 수 있는 감각을 유지하는 것은 그만큼 어려운 일이다. 물론 배워서 알 수 있는 것도 아니다.

10대 때 나는 일하느라 바빠서 사람과 대화를 나눈 적이 거의 없다. 대화 상대는 모두 양말뿐이었다. 아니, 정말로 양말이 내게 말을 걸었다. "밸런스를 좀 더 조절해야 할 것 같아."라든가 "이 실은 별로야."라고.

이미 세상을 떠났지만 배우 다카쿠라 겐高倉 健의 얼굴과 내 얼굴의 차이를 당신은 설명할 수 있겠는가. 얼굴 디자인은 나도 그하고 같다. 다만 미묘한 차이가 있을 뿐이다. 우선, 우리 둘 다 눈이 두 개 달렸다. 눈 크기는 좀 다르지만, 몇 센티미터 이상 차이 나는 것은 아니다. 기껏해야 몇 밀리미터의 세계이다. 코 높이도 마찬가지다. 작은 차이지만 그것이 쌓이고 쌓이면 나와 다카쿠라 겐의 얼굴처럼 완전 딴판이 된다.

양말 제작도 이와 같다.

"양말이 다 그게 그거지. 뭘 신든 별 차이 있겠어?"라고 생각할 수 있다. 하지만 작은 차이라고 대충 넘기면 다카구라 겐과 내 얼굴만큼의 차이로 나타난다. 이러한 작으면서도 큰 차이를 만드는 것이 양말을 만드는 사람의 마음이다.

그러므로 좋은 양말을 만들기 위해서는 늘 양말에 대해 생각해야 한다. 다양한 양말을 보고, 협력공장 기술자들과 의견을 나누고, 어제도 오늘도 내일도, 양말, 양말, 양말…. 어렸을 때부터 줄곧 그래왔다. 달리 재능이 없었기 때문에 더 필사적으로 매달렸다. 골프도, 마작도 하지 않고, 술도 잘 마시지 않는다. 좋은 양말을 만들겠다는 생각뿐이다.

방심하면 순식간에 머리는 양말 생각으로 가득 찬다. 꽃놀이를 가서도 "벚꽃색이 참 곱네. 저 색깔을 양말로 재현할 순 없을까?"하고 생각한다. 바보도 일심으로 한 우물만 파면 목적을 달성할 수 있다고 하지 않는가. 나도 양말만 만지며 60년 세월을 보냈다. 대신 다른 것은 하나도 모른다. 정말 '평생을 양말에' 바쳤다.

한 번은 이런 적이 있었다. 도쿄 출장을 마치고 배가 고팠지만 신 칸센 막차에 몸을 실었다. 막 올라탔는데 회사 디자이너한테서 휴대 폰으로 "봐 주셨으면 하는 양말이 있어요"라는 전화가 걸려왔다. 전 화를 받자마자 공복감은 어디론가 날아가 버렸고 머릿속은 양말 생각 으로 가득 찼다.

아무것도 먹지 않은 채 회사로 복귀한 것은 물론이고, 기다리던 직원에게도 "밥은 안 먹어도 되니까 양말이나 보여줘"라고 지시했고, 한밤중에 상품 음미를 일사불란하게 시작했다. 이미 다른 이야기는 들리지 않았다.

그때 무심결에 "난 양말을 좋아하나 봐"라고 중얼거렸고, 그 자리 에 있던 가족과 직원은 "그걸 이제 아셨어요?!"라며 황당해했다. 예 전에 아내가 "나랑 양말 중에 뭐가 더 중요해?"라고 물었던 적도 있 는데, "대답하면 화낼 것 같아서 대답 못 하겠어"라고 했다가 제대로 바가지를 긁히기도 했다.

'일생일사일관—生—事—貫'이라는 말이 있다. 평생에 걸쳐서 한 가 지를 관철한다는 뜻이다. 내가 양말 가게에서 도제 견습생을 했던 것 은 우연이다. 하지만 난 양말로 일생일사일관을 실천했다고 자부한 다. 고객이 원하는 것이 무엇인가에 온 정신을 집중했고, 한눈팔지 않고 오로지 한 우물만 파며 좋은 제품을 만들었다.

양말 따위 아무래도 상관없다고 여기는 사람에게도 일생일사일관하고 싶은 것이 하나쯤은 있을 것이다. 일이든 취미든 공부든 운동이든 뭐든 상관없다. 그런 뜻을 품고 있는 사람에게 어쩌면 내 체험이 도움이 되지 않을까.

자나 깨나 양말 생각만 했던 굴곡 많은 인생이었다. 76살이 된 지금, 남들이 뭐라고 하든 완벽하게 몰두할 대상이 있었기에 정말로 행복했다고 생각한다.

특별한 재능이 없더라도, 사람이란 무릇 한 번 뜻을 세웠으면 절대 포기해서는 안 된다. 포기하지 않고 계속 노력하면 그럭저럭 남들 사는 만큼은 살 수 있다. 내가 그 본보기이다. 당신도 아무쪼록 자신만의 일생일사일관을 찾길 바란다. 그리고 그때 이 책에 적혀 있는 내용이 조금이나마 참고가 된다면 무척 기쁠 것 같다.

2016년 4월

타비오 창업자 대표이사 회장 오치 나오마사

목차

제3부 황금 시대 – 비원 달성편

제4부 승계 시대 – 무한 격투편

일러두기

1. 이 책의 일본어 표기는 국립국어원의 외래어 표기법을 따르되,
   최대한 본래 발음에 가깝게 표기하였다.

2. 일본 인명, 지명, 상호명은 본문 중 처음 등장할 시에 한자를 병기하였다.
   *인명
     오치 나오마사越智直正, 마쓰시타 고노스케松下幸之助,
   *지명
     예) 고베 시神戸市, 교토京都
   *상호명
     예) 도시바Toshiba, 산아이三愛

3. 어려운 용어는 독자의 이해를 돕기 위해 주석을 달았다. 역자 주, 편집자 주로 구분 표시하였으며,
   나머지는 저자의 주석이다.
   *용어
     예) 노렌(暖簾, 상점 입구에 거는 상호가 새겨진 천을 말한다. 일본 전통 방식의 간판이라고
        생각할 수 있으며, 노렌을 나누어 받는다는 것은 분점으로서 같은 상호명을 내걸고 영업
        할 수 있다는 것을 의미한다─역자 주)
        대장(大将, 가게 종업원의 우두머리. 현재의 매니저, 또는 점장에 해당한다. 이후 '점장'으
        로 표기함. ─편집자 주)

4. 서적 제목은 겹낫표(『』)로 표시하였으며, 그 외 인용, 강조, 생각 등은 따옴표를 사용하였다.
   *서적 제목
     예) 『손자孫子』, 『사기史記』, 『삼국지三國志』, 『논어論語』

제1부
도제 견습생 시대
- 초인 탄생편

01 하나

내 인생의
주인공은 나
나를 가장 많이
속이는 사람도 나

    ●

      ●

        ●

　난 11형제 중 막내로 태어나 어린 시절부터 하고 싶은 대로 마음 껏 놀며 자랐다. 11형제 중 막내였기 때문에 관심 대상이 되지 못했 다. 성적표를 받아와도 "그냥 거기에 둬."라고 할 뿐 아무도 들여다보 지 않았다. 따라서 "공부해."라는 잔소리를 들을 일이 없었기 때문에 공부도 하지 않았다.

　학교에서는 수재 취급을 받았다. 수업이 시작되면 선생님이 "나 오마사, 뒤로 나가 서 있어!"라고 하셨기 때문이었다. 교실에서 서 있 는 사람은 나와 선생님, 둘뿐이었으므로 "난 우리 반에서 두 번째로 똑똑해!"라고 생각했다. 쉬는 시간이 되면 친구들은 내게로 모여들었 고 "서 있느라 힘들었지?"라며 다음 수업이 시작될 때까지 내 다리를 주물러 주었다. 차례를 정해가며 앞 다투어 기꺼이 내 다리를 주물러 주었다.

　중학교 1학년 때 못된 장난을 쳐서 저녁 식사 시간에 아버지에게 "이딴 자식, 중학교 졸업하면 바로 심부름꾼으로 보내 버려!"라며 야 단을 맞았다. 하지만 늘 하던 말씀이라 난 크게 신경 쓰지 않았다. 그 런데 그날 밤, 아버지는 뇌출혈로 쓰러졌고 그대로 보름 만에 세상을 떠났다. 그날 밤의 호통이 아버지의 유언이 됐다.

　결국 아버지가 말한 대로 중학교를 졸업하자마자 나는 심부름꾼 으로 보내졌다. 돌아가시기 일 년 전부터 아버지는 날 심부름꾼으로 보낼 계획이었지만, 그 사실을 내가 통보받은 것은 오사카로 떠나기 일주일 전이었다. 난 절규했다. 혼자서 기차를 타본 적도 없던 내가 홀로 오사카로 떠나야 하는 신세가 된 것이었다. 여행길 걱정에 심부름꾼으로 도제 견습생 생활을 시작할 오사카 양말도매점에서 잘 지낼 수 있을까 하는 걱정은 할 겨를도 없었다.

•

•

•

15살의 봄,
일주일 만에 '남들만 못 하다'는 것을 깨닫다

오사카로 떠난 3월 중순은 봄철 양말 성수기였다. 눈만 뜨면 정신없이 바빠서 뭐가 뭔지 통 알 수가 없었다. 연수 교육이란 것은 없다. 현장 훈련이 있을 뿐이었다. 얻어맞고 발로 차이며 몸으로 일을 익혔다. 나만 그랬던 것이 아니라 옛날에는 다들 그랬다.

첫날, 선배 대여섯 명이 둘러싸고 "오른쪽, 왼쪽도 분간하지 못하는 것 같은데, 우리 말 잘 들어!"라고 했다. 나는 "아니요. 오른쪽, 왼쪽은 알아요. 이쪽이 오른쪽이에요"라며 오른손을 들자, "건방진 자식!"이라며 멍석말이를 했다. 이것이 내 사회생활 첫 시작이었다. 그 후로 아침부터 밤까지 샌드백 신세가 됐다.

내가 입만 열면 "사투리 쓰는 시골뜨기"라며 조롱했다. "똑바로 오사카 말로 말하지 못해?"라며 세게 후려쳤다. 그때 "죽어도 오사카 말은 안 쓸 거야!"라고 결심했다. 덕분에 이렇게 표준어를 잘 구사하게 됐다. 아니, 그건 거짓말이고 실은 지금도 열심히 고향 사투리를 쓰고 있다.

첫 월급은 세금을 떼고 1,500엔, 휴무는 한 달에 반나절이었다. 매일 아침 6시에 일어나 모두가 먹을 식사 준비와 뒷정리, 청소, 개점 준비를 하는 것으로 전쟁 같은 하루가 시작됐고, 새벽 1~2시까지 일하는 것이 예사였다.

밤에는 가로 4미터, 세로 3미터가 채 안 되는 작은 방에서 여섯이서 잤다. 내 천川 자 두 개가 생겼다. 당연히 제일 어린 내가 내 천 자 가운데서 잤다. 조금이라도 움직이면 양옆에서 자는 선배가 옆구리를 꼬집었다. 바늘로 찌르는 것처럼 너무너무 아팠다. 어떻게든 자려고 애썼지만 정신이 번쩍 들곤 했다. 그게 60년이 지난 지금도 몸에 배어 한 번 잠들면 살았는지 죽었는지 분간이 안 될 정도로 꿈쩍도 하지 않는다. 도제 견습생 시절 당시의 훈련 덕분이다.

하지만 현실은 냉혹했다. 오사카 양말 도매상에서 도제 견습생을 시작했지만, 난 일주일 만에 '중졸로는 택도 없다'는 것을 깨달았다. 내가 보기에도 난 많이 부족했다. 지독하게 비참했다. 15~6살 소년이 '남들만 못 하다'는 사실을 깨닫고 얼마나 큰 충격을 받았을지 짐작이 가는가. 일은 상상했던 것보다 훨씬 힘들었다. 시골에서는 동네를 주름잡는 골목대장이었던 내가 이곳에서는 아침부터 밤까지 야단 맞으며 철저하게 바보 취급을 당했다.

너무 힘들어서 시골에 있는 형에게 '여기에 온 지 아직 일주일밖에 안 됐지만, 내가 많이 부족한 것 같아. 아무리 열심히 해도 못 따라가겠어. 고향으로 돌아가고 싶어. 야간학교라도 상관없으니까 고등학교에 보내주면 안 돼?'라고 편지를 보냈다. 그랬더니 형한테서 답장이 왔다. 편지지엔 딱 한 줄, '산보다 큰 멧돼지 없고, 바다보다 큰 고래 없다'라고 적혀 있었다.

편지를 읽고 '응? 다른 사람한테 보낼 걸 나한테 잘못 보낸 것 같은데?'라고 생각했다. 1~2달이 지난 후에야 '엄살 부리지 마. 산보다 큰 멧돼지 없고, 바다보다 큰 고래 없으니 인내해라'라는 뜻이라는 것을 깨달았다. 아아, 그렇구나. 그래도 돈만 있다면 고향으로 달아나고 싶었다.

중국 고전에 도움을 청하다

가만히 있어 본들 상황은 바뀌지 않는다. '지금 이대로는 안 돼. 어떻게든 이 괴로운 상황에서 벗어나야 해.' 궁지에 몰린 나는 중국 고전에 도움을 청했다. 오사카에 오고 몇 달이 흐른 어느 날, 야시장에 갔다. 선배들은 밀크셰이크를 맛있게 사마셨지만 나는 마시지 않았다. 불쌍하게 남이 먹는 것을 쳐다본다고 생각할까 봐 옆에 있는

헌책방으로 발걸음을 옮겼다.

중학교 때 선생님이 했던 말이 떠올랐기 때문이었다. "나오마사, 잘 들어. 도제 견습생을 하더라도 요즘 그리고 앞으로는 고등학교는 나와야 인정을 받아. 그러니까 견습으로 일을 하러 가서도 계속 공부해. 중국 고전을 읽으렴. 어렵고 이해가 안 가도 포기하지 말고 백 번을 읽어. 독서백편! 그러면 절로 뜻을 알게 될 거다." 선생님이 해주었던 이 말을 평생 잊지 못할 것이다.

"중국 고전이란 책이 있나요?"하고 물었다. 당시에는 중국 고전이 책 제목인 줄 알았다. 불친절한 주인장이 총채로 가리킨 곳에 『손자孫子』가 있었다.

한문으로 '손자'라고 쓰여 있었는데 난 그것도 읽지 못했다. 하지만 '틀림없이 삶에 도움이 되는 내용이 쓰여 있을 거야' 하고 지푸라기라도 잡는 심정으로 책을 사서 돌아왔다. 그리고 매일 일이 끝난 뒤에 한자 사전을 붙들고 필사적으로 읽었다. 나 같은 무식한 놈에게는 그것밖에 없었다.

19살에 『손자』 전편을 암기하다

　『손자』를 처음으로 읽기 시작했던 16살 때는 도통 무슨 말인지 이해할 수 없었지만, 18살쯤 되자 13편을 모두 암통할 수 있게 됐다. 매달리는 심정으로 3년간 반복해 읽으면 제아무리 바보라도 외울 수 있다. 이해되는 내용이 많아질수록 무슨 일을 하든 생각하는 것이 얼마나 중요한지를 절감하게 됐고, 손자에 더욱 빠져들었다.

　하지만 도제 견습생 생활은 전혀 나아지지 않았다. 여전히 샌드백 신세였다. '적을 알고 나를 알면 백 번을 싸워도 위태로움에 빠지지 않는다知彼知己百戰不殆.'는 말로 유명한 『손자』는 프랑스 황제 나폴레옹과 일본 전국시대를 대표하는 무장 다케다 신겐武田信玄을 비롯한 수많은 역사적 지도자에게 영향을 끼친 중국 고전이자 희대의 병법서이다.

　그 사실을 알고, 그렇다면 나는 먼저 장수가 되기 위한 책을 읽어야겠다는 생각으로 『사기史記』, 『삼국지三國志』, 『논어論語』 등 여타 중국 고전을 닥치는 대로 읽었다.

　당시에 내가 책을 읽고 있다는 사실을 아는 사람은 선배 두세 명뿐이었다. 친구와 동업자에게는 절대로 말하지 않았다. 혹시라도 알면 "중졸 머저리 주제에 책은 뭘 하러 읽어?"라고 할 것이 뻔했기 때문이었다.

처음에는 화장실에 가는 척하고 아래층 계단에서 읽었다. 매일 1시간가량 책을 읽으면 1년이면 365시간, 즉 보름 동안 자지 않고 쉬지 않고 공부한 셈이 된다. 10년이면 152일, 50년이면 2년이 된다는 생각으로 공부에 매진했다. 당시에는 진심으로 삶이란 일어나서 책을 읽는 것이라고 생각했을 정도였다.

그런데 어느 날 한 선배에게 들통이 났다. 선배는 "가게의 전기를 멋대로 사용하다니! 제정신이야?"라며 호통을 쳤고, 더는 계단에서 책을 읽을 수 없게 됐다. 그래서 근처 포목점에서 담요를 사서 점등 시간 이후에는 그것을 덮고 손전등으로 비추며 책을 읽었다. 그랬더니 방장이 "오치, 그렇게까지 책이 읽고 싶다면 아래층에서 한 시간까지는 읽어도 된다."라고 해 주었다.

오직 나만이 내 인생의 주인공이다. 내 인생은 내 힘으로 개척할 수밖에 없다. 어떠한 역경에 처하더라도 아무도 도와주지 않는다.

02 둘

머리, 눈, 귀, 코, 입, 손, 발

인간의 기능은

사용할 순서에 따라서

배치되어 있다

•
　　　　•
　　•

　　내가 지금까지 회사를 꾸려올 수 있었던 것은 도제 견습생 시절에 점장이 장사의 기본을 엄격하게 가르쳐 주었기 때문이다. 나 같은 시골 얼뜨기를 용케도 잘 지도해 주었다고 생각한다.

　　점장은 많은 걸 가르쳐 주었다. 예를 들어 다음과 같은 이야기를 귀에 못이 박히도록 했다.

- 만들라고 시켜서 만들었다고 해도 만든 것은 너다. 변명하지 마. 자기 책임이야.

- 팔리는 상품하고 안 팔리는 상품은 천지 차이야. 팔리는 상품은 이익이 되지만, 안 팔리는 상품은 적자가 돼.

- 중요한 것은 메모하지 마. 메모하면 잊으니까. 혼났으면 반성해. 반성하면 절대 잊혀지지 않으니까.

- 계산만 하지 마. 야비한 장사꾼이 되니까. 주판 정도는 눈으로 튕겨.

- 계산 관리도 못 하는 놈이 상인이 될 수 있을 것 같아? 뭘 위해서 장사를 하나?

- 예산 없다! 예산은 발상에 한계를 긋지.

- 먼저 머리를 쓰고, 그다음에 몸을 써. 돈은 최후의 수단이야. 돈으로 해결하는 건 바보라도 할 수 있어.

- 좋은 양말을 신는 사람이 3할, 싸구려를 신는 사람이 3할, 나머

지 4할이 이랬다저랬다 하는 사람이야. 고민하지 마.

- 돈 버는 비결은 가난뱅이는 부자를, 부자는 가난뱅이를 상대하는 거야.

- 장사는 눈사람 만들기랑 같아. 기초를 정성껏 다지고 그다음에는 신중하게 굴려.

- 갓난아이는 자기주장만 하지. 자기중심적인 것은 유치한 거다.

- 바보는 틈만 나면 문제를 일으키지. "야단났네! 야단났네!"라며 바보인 걸 떠벌이지 마.

- 무지 중 최악은 자기가 무지하다는 것을 모르는 거야.

- 바보에게도 바보 나름의 생존법이 있어. 뱁새 주제에 황새 흉내 내지 마.

- 문제를 회피하면 고민거리가 생긴다. 문제 해결을 뒤로 미루지 마. 군대는 고민하고 있을 여유가 없어. 즉단즉결이야.

- 기민하게 움직이지 못 하는 놈은 굼벵이야. 소중하더라도 굼벵이 같은 말을 타면 죽게 되어 있지.

- 전체를 두루 살피지 못하는 놈은 도량이 좁은 얼간이다.

- 상인에게 있어서 장사가 안 되는 것만큼 비참한 일은 없어.

- 장사해서 이익을 내지 못 하는 것은 수치야.

한 번은 이랬던 적이 있다. 아직 신참이었을 때인데, 내가 담당하는 양말에서 결함 상품이 발견됐다. 만약 해당 상품이 유통됐으면 가게의 신용이 떨어질 수 있었다. 난 패닉에 빠졌다. 장부를 넘기며 창

제1부 도제 견습생 시대 – 초인 탄생편

고를 뛰어다니기도 하고, 공장에 문의하기도 하며 정신없이 우왕좌왕했다.

그런 나를 보고 점장이 일갈했다. "오치! 침착하지 못해?" 그리고 "머리, 눈, 귀, 코, 손, 발. 인간의 기능은 사용할 순서에 따라서 배치되어 있잖아."라고 가르쳐 주었다. "문제가 생겼으면 몸을 위에서부터 순서대로 써. 알았어? 오치, 네 몸을 잘 봐. 너희 어머니께서 곤란할 때 쓰라고 순서대로 잘 배치해 주셨잖아. 왜 머리가 제일 위에 있고, 발이 제일 밑에 있을까? 왜 눈이 높은 데 달려있을까? 최대한 멀리까지 보기 위해서야. 귀에 커다란 귓불이 달린 것은 귀가 사람들 이야기와 세상 움직임에 귀 기울이기 위한 청음 장치이기 때문이야. 입은 제일 마지막에 쓰기 위해서 밑에 달린 거고. 일단 냉정을 되찾고 머리를 써서 생각해."

"과연!"하고 머리가 절로 끄덕여졌다. 그리고 앞으로는 문제가 생기면 순서대로 써야겠다고 마음에 새겼다. 사람은 예상치 못한 문제가 발생하면 어떻게든 해야 한다는 생각에 안절부절못한다. 심사숙고하지 않고 뛰어다녀본들 제대로 된 해답은 나오지 않는다.

간사이 지역 '장사의 정수'는 기지, 산용, 시말

오사카에서 배운 것은 세 가지, 바로 '기지'와 '산용' 그리고 '시말'이다. 기지는 자신이 가신 지식과 재능을 총동원하고, 환경과 사회의 힘을 합하여 재빠르게 해결하는 능력을 말한다. '철저하게 머리를 굴려라. 대충 굴리지 마라. 전력으로 굴려라'는 뜻이다. 산용은 계산을 말한다. 타산적이고 인색한 태도를 말하는 것이 아니다. 숫자는 결코 단순한 결과가 아닌 나침반이다. 숫자를 생각의 출발점으로 삼아야 함을 명심하라는 뜻이다. 시말은 사안 하나하나의 마무리를 확실하게 지으라는 뜻이다. 이 세 가지를 도제 견습생 시절에 철저하게 훈련받았다.

내게 있어 점장의 가르침과 중국 고전은 힘들 때 나를 구해주러 온 관음보살과 같았다. 교토 청수사淸水寺의 주지 오오니시 료케大西良慶의 『관음경觀音經』 해설을 들었던 적이 있다. 그는 관음보살은 인간이 곤란에 처했을 때 33가지의 모습으로 변신해 도와준다고 했다. 사찰에서 우리가 일반적으로 보는 금으로 번쩍이는 불상의 모습이 아니라 아버지 혹은 어머니, 형제와 친구, 사원, 거래처 직원 등 갖가지 모습으로 변신해 도와준다는 것이었다. 난 그 이야기를 듣고 삼라만상 모두가 관음보살이구나 하고 감동했다. 우리는 관음보살의 보호

속에서 인생길을 걷고 있다.

　나는 관음보살상을 자택 현관에 세워놓고 아침저녁으로 합장하고 있다. 점장은 내게 관음보살이었다. 다른 사람이 아닌 바로 그 사람이 점장이었다는 사실에 감사한다. 이런 생각을 하게 된 것은 꽤 나이를 먹고 나서이다. 제2부에서 이야기하겠지만, 13년이나 도제 견습으로 일해왔는데 변명 한마디 들어보지 않고 날 해고했던 점장을 당시에는 무척 원망했었다. 하지만 내가 지금껏 해올 수 있었던 것은 도제 견습생 시절에 장사의 기본을 제대로 배웠던 덕분이다. 흔히 하는 말처럼 정말로 인생에는 버릴 것이 없다.

03 셋

하문하길 부끄러워하지 말라
아는 자가 갓난아이라고 해도
가르침을 청하라

·
·
·

파나소닉을 창업한 마쓰시타 고노스케松下幸之助라는 인물이 있다. 일본 장기연맹에서 고노스케에게 명예 단위를 수여하겠다는 이야기가 나왔다. 장기를 널리 장려하는 데 도움이 된다면 협조하겠다며 고노스케는 제안을 받아들였다. 그런데 명예 단위를 수여하기 위해서는 승패를 떠나 장기연맹에 소속된 사람과 장기를 한 번 두어야 한다. 이 의식을 거쳐야 정식으로 명예 단위를 수여할 수 있기 때문이다.

고노스케의 대국 상대는 당대의 명인 오야마 야스하루大山康晴였다. 그래서 결국 누가 이겼을까. 고노스케의 낙승으로 끝났다. 대체 어떤 방법을 썼던 걸까.

·
·
·

마쓰시타 고노스케가
오야마 야스하루에게 이길 수 있었던 이유

장기는 하수가 먼저 두는 것이 규칙이다. 하지만 고노스케는 그 사실을 몰랐다. 장기판에 말을 배치하고는 오야마에게 경의를 표하는 뜻으로 "선생님께서 먼저 두시지요"라고 했다. 예상치 못한 상황에 오야마는 당황했다.

　오야마가 장기 말을 움직이자 고노스케도 똑같이 장기 말을 움직였다. 그 후로도 오야마가 두는 대로 계속 똑같이 따라서 두었다. 하물며 형세가 나빠지자 "선생님, 이럴 땐 어떻게 두어야 하나요?"라며 묻기까지 했다. "이렇게 두게" 하고 대여섯 차례 지도해 주는 사이에 오야마의 패배로 끝났다. 오야마는 "마쓰시타 씨에게는 못 당하겠어"라고 했다.

　이것이 바로 바보가 인생을 사는 방법이다. 나는 PHP연구소(마쓰시타 고노스케가 전쟁을 겪으면서 피폐해진 사회를 보고 평화로운 사회를 구축해야 한다는 일념으로 설립한 기관. 'PHP'란 'Peace and Happiness through Prosperity'의 약어로 번영을 통한 평화와 행복을 의미한다–편집자 주)에서 입만 열었다 하면 "너희 창업자보다 내가 가방끈이 길어"라고 말한다. 고노스케는 초등학교만 나왔기 때문이다. 그래서 "이게 내 유일한 자랑거리야. 다른 건 자랑할 게 없거든"이라고 자주 말했다.

　'묻는 것은 한때의 창피, 묻지 않는 것은 평생의 창피'라는 말이 있다. 나는 중졸이고 또 어릴 때부터 묻는 것을 부끄럽게 여기지 않았다. 지혜도 지식도 없다는 것을 나 스스로 잘 알기 때문에 모르면 모른다고 솔직하게 말한다. 오히려 모르는 게 너무 많으면 가르침을 청하는 것이 부끄럽게 느껴지지 않는 법이다.

　그런데도 도제 견습생 시절에 모르는 것을 차마 묻지 못하고 혼자서 끙끙 앓다 점장에게 야단을 맞았다. "하문하길 부끄러워하지 마. 아는 자가 갓난아이라고 해도 가르침을 청해"라는 말은 그때 점장이 가르쳐 준 말이다. "무지 중 최악은 자기가 무지하다는 것을 모르는 거야"라고도 했다. 그 후로 모르는 것은 무엇이든 즉시 물었다. 상대가 말하는 도중에도 바로 질문하는 습관이 생겼고, 사는 것이 꽤 편해졌다.

사원에게도 질문 공세

모르는 것은 후딱 그리고 솔직하게 묻는 것이 상책이다. 요즘 젊은 사람은 다들 대학교를 나왔다. 그래서 무릎 아래쪽과 관련된 것은 내가 더 잘 알지 몰라도, 머리는 다들 나보다 좋다. 나는 뭐가 잘 안 풀리면 즉시 직원에게 물어보러 간다. 신입 사원이라도 개의치 않는다. 그리고 곧잘 사원에게 질문을 퍼붓는다. 내 질문에 "아니요. 모르겠습니다"라고 하면 "뭐? 넌 대학교도 나왔으면서 왜 이런 것도 몰라?"라며 마구 화낸다. "회장님께서는 알고 계시면서 물으시는 건가요?"라고 반문하면 "내가 알면 뭐하러 물어보겠냐? 이 멍청아!"라고 한다.

한 사원이 "회장님께서는 어떤 사람이세요?"라고 묻기에 "정작 혼자서는 아무것도 못 하면서 남에게는 악담을 퍼붓는 사람이지"라고 대답했던 적이 있다. 리더가 모든 것을 다 알 필요는 없다. 우수한 사원을 거느리면 된다. 그리고 모르는 것은 물으면 된다.

04 넷

매사에 먼저 머리를 쓰고
그 다음에 몸을 써라.
돈은 최후의 수단이다
돈 써서 하는 일은
누구든지 할 수 있다

•

•

•

　수업을 쌓던 견습 시절에 진열용 기구를 만들기 위해 점장에게 경비를 달라고 요청했다가 배웠던 말이다. 내가 심부름꾼으로 견습했던 양말 도매점에서 남성용 니 삭스를 판매하기 시작했다. 그 전에는 양말을 접힌 상태로 진열했었다. 그런데 손님이 니 삭스를 들어보고 긴 길이에 깜짝 놀라는 것이었다. 여태까지는 짧은 양말만 판매했었기 때문이었다. 이에 니 삭스는 긴 양말이라는 것을 한눈에 알 수 있도록 행거에 걸어야겠다고 생각했다.

　그래서 점장에게 "업자한테 행거 샘플 제작을 요청하려고 하는데, 돈 좀 주세요"라고 했더니, "얌마, 돈, 돈 거리지 마. 일단 머리를 쓰고, 그다음에 몸을 써. 돈은 최후의 수단이야. 돈으로 해결하는 건 바보라도 할 수 있어"라는 대답이 돌아왔다.

•

•

•

직접 상품 진열용 행거를 제작하다

　그래서 나는 당시 오사카 닛폰바시日本橋에 있던 통칭 '도둑 시장泥棒市場'에 가서 철사와 니퍼, 대못 등을 싸게 구입했다. 철사를 직접 구

부려 행거를 만들고, 대못에 쇠 구슬을 납땜해 훅을 만들었다. 판넬은 점장네 형이 경영하는 가구점에서 나왕 재목 자투리를 받아와서 제작했다. 숫돌 가루에 먹을 섞어서 칠하고 니스로 마감했더니 꽤 훌륭했다.

완성된 행거를 단골 거래처 매장에 설치했더니 "가게 이미지가 달라졌어요."라며 좋아했다. 그 후로 모든 양판점에서 내가 고안한 진열 방법을 따라 했다. 지금은 어디서나 볼 수 있는 행거식 진열 방식은 사실 내가 고안한 것이다.

또 다음과 같은 진열 방법도 고안했다. 독립하고 전문점을 대상으로 도매하기 시작했을 때 일이다. 당시 양말은 수많은 잡화상품 중하나로 취급됐기 때문에 아주 조금 밖에는 진열해 주지 않았다. 게다가 전문점은 여러 양말 도매점과 거래를 했다.

따라서 우리 양말을 진열할 수 있는 공간은 애석하게도 무척 좁았다. 최소한 1.8미터, 그러니까 16페이스 2단의 판매 공간을 확보하고 싶었지만 허락해 줄 리 만무했다. 그래서 진열 집기상에 문의해 지름이 47센티미터인 진열봉을 싸게 제작했다. 다양한 양말과 소품을 매달 수 있는 원형 행거였다. 이 행거를 이용하면 1.8미터 공간 분량의 상품을 8페이스 4단으로 진열할 수 있다.

내가 자체 제작한 집기에 양말을 진열한 후 매출이 대폭으로 상승했다. 매장 담당자도 "양말이 이렇게 잘 팔리다니!"라며 반쯤 놀라고 반쯤 감탄했다. 돈 쓰는 것을 전제로 생각하지 않고, '어떻게 하면 잘 팔릴까?' 하는 관점에서 생각하면 다양한 아이디어가 생각해낼 수 있다.

도제 견습생을 상징하는 파란색 작업복에 슬리퍼 차림으로
통근 전철을 타는 것이 부끄러웠던 시절(사진 중앙)

05 다섯

최선을 다하면
일이 당신을 지켜준다

앞서 말했지만 '일생일사일관—生—事—貫'이라는 말이 있다. 평생 한 우물만 판다는 뜻으로, 나는 양말로 일생일사일관하고 있다.

경영자는 자기 상품에 지나치게 빠져선 안 되지만, 난 완전히 홀딱 빠졌다. 오로지 좋은 양말을 만들고 싶다는 생각뿐이다. 결과적으로 돈벌이가 아닌 취미가 되어 버렸다. 사업가로서는 실격이다. 난 장사를 즐겼다. 말하자면 게임을 하는 것만 같다. 그래서 이 모양 이 꼴이다. 이렇게까지 마음을 빼앗기지 않고 냉정하게 선을 그어 이것은 사업이라는 마음가짐으로 임했다면 타비오는 더 큰 회사로 성장했을 것이다. 지금쯤 일본 양말 업계를 부흥시켰을지도 모른다.

직업이 당신을 선택한다

왜 양말이었나. 다른 재능이 있었다면 양말 사업 따위 하지 않았다. 아마도 고등학교를 졸업했다면 난 양말 장사를 하지 않았을 것이다. 내가 잘생겼더라면 영화배우가 됐을 것이고, 목소리가 좋았다면 가수가 됐을 것이다. 하지만 난 양말과 만났고, 결과적으로 양말과

4~50년간 교제하게 됐다. 그것 외에는 달리 재능이 없었기 때문이었다. 다른 이유는 없다.

당신이 직업을 선택하는 것이 아니다. 직업이 당신을 선택하는 것이다. 난 양말이 날 지명했다고 생각한다. 나는 양말 업계에 몸담게 될 줄은 꿈에도 몰랐다. 양말 도매상에서 도제 견습생을 하게 됐다는 사실을 알게 된 것도 오사카로 떠나기 일주일 전이었다. 배운 것도 없었고, 양말 외에는 아는 것도 없었다. 나에게는 선택지가 없었다.

직업이라는 것이 다 그렇다. 내가 그 사실을 깨달은 것은 40살 무렵이다. 베토벤과 모차르트도 다른 능력이 없어서 음악에 몰두했던 것이 아닐까. 역사적 인물도 대개는 한 가지만 하지 않았던가.

●
●
●

어느 쪽이든 상관없을 때 망설인다

능력이 있었다면 이런저런 유혹에 넘어갔겠지만, 양말 외에는 아무런 능력도 없었다. 세상에는 '선택지가 많아서 못 정하겠다.'는 사람도 있다. 그 사람은 그저 욕망에 눈이 멀었을 뿐이다.

예를 들어 1,000엔 지폐와 10,000엔 지폐를 앞에 두고 원하는 것을 가지라고 하면 바로 선택할 것이다. 확실할 때는 망설이지 않는다. 100엔 동전 10개와 1,000엔 지폐 1장을 두고 둘 중 하나를 선택하라고 하면 고민할 것이다. 사람은 어느 쪽이든 상관없을 때 고민한다. 고민할 시간이 있거든 어느 쪽이든 상관없으니까 후딱 해보는 것이 낫다.

일류 제품으로 세계 최고가 되겠다. 이것이 도제 견습생 시절부터 마음에 품어온 내 유일한 꿈이다. 그 외에는 아무것도 없다. 내 인생은 화분과 같다. 한 장소에 한 번 심어진 이상 거기에서 자랄 수밖에 없다. 주어진 자리에서 최선을 다했다.

양말을 만지면 마음이 편안해진다. 왠지 모르겠지만 안심된다. 사흘 이상 양말을 만지지 못 하면 말도 못 하게 불안하다. 여행을 가도 그렇다. 오랜 세월 양말 업계에 종사해 왔지만 개선할 사항이 여전히 많기 때문에 늘 머릿속은 양말 생각으로 가득하다. 70살을 넘은 나이에도 좋아하는 일을 할 수 있다는 것은 행복한 일이다.

양말이 이끄는 대로 난 인생을 걸어왔다. 재능이 없어도 있는 힘껏 최선을 다하면 일이 당신을 지켜준다. 안심하고 일에 당신의 모든 것을 맡기면 된다.

•
•
•

내 인생 마지막 양말일지도 몰라. 그러니까 타협 못 해

오로지 양말만이 내 자랑이다. 양말 외에는 아무것도 자랑할 것이 없다. 그래서 적어도 양말만큼은 자랑스럽게 여길 수 있는 사람이 되고 싶었다. 난 지금까지 한 번도 100점 만점짜리 양말을 만든 적이 없다. 그래도 몇 년에 한 번은 만족스러운 상품이 만들어진다. 하지만 채 일주일도 지나기 전에 '이 부분의 짜임이 좀 이상하네?' 혹은 '이 부분은 감촉이 별로야.' 하는 생각이 들었다. 고객이 만족할만한 궁극의 상품은 예컨대 봄날의 아지랑이나 여름날의 오아시스와 같아야 한다. 겨우 따라잡으면 어느새 한 걸음 앞서가 있다. 이런 경주가 평생 계속되지 않을까.

난 올해로 76살이다. 길어봐야 앞으로 2~30년이라고 했더니, "아버님! 앞으로도 2~30년이나 더 하시려고요?!"라며 며느리가 깜짝 놀랐다. 확실히 언제 죽을지 모른다. 그래서 젊었을 때도 진지하게 양말 제작에 매진했지만, 지금은 더 진지하다.

우리 회사 사원이 "회장님이 마지막으로 만든 양말은 별로였어." 라고 한다면, 결코 편히 눈을 감지 못할 것이다. 이 나이쯤 되면 어느 것이 마지막이 될지 알 수 없는 만큼 보통 힘든 것이 아니다. 내 인생 마지막 작품이라는 마음가짐으로 매일 회사에 출근한다. 원점으로 되돌아온 듯한 기분이다.

06 여섯

솔직하게 산다

솔직하다는 것은 꾸밈없는 있는 그대로의 모습으로 존재한다는 뜻이다. "어? 벌써 아침이야?! 그리고 보니 밥도 안 먹었네?"라고 할 정도로 무언가에 몰입했던 경험이 누구에게나 있을 것이다. 이것이 바로 솔직한 상태이다. 이때는 물아일체가 되기 때문에 자각이 없다.

솔직은 천진난만하고 순수하다. 태생적으로 갖고 태어난 자신의 꾸밈없는 마음을 놀이나 취미에 쏟느냐, 일과 연구에 쏟느냐에 따라서 인생은 완전히 달라진다. 예나 지금이나 역사에 이름을 남긴 위인과 큰 업적을 이룬 인물은 사심을 버리고 목표에 진지하게 몰두했던 사람들이다. 위인전을 보면 알 수 있다시피 그들은 천진난만한 아이 혹은 미치광이처럼 보이기도 한다. 자기 본연의 모습대로 살았던 사람들이라고 난 생각한다.

'아는 것이 힘이다'라는 말처럼 지력도 중요한 요소지만, 어중간하게 똑똑하면 결과 예측에 집착하다 도중에 포기하는 경우도 많다. 사람은 솔직하게 자기 본연의 모습대로 살면 누구나 위업을 달성할 수 있다. 그리고 모두가 그만한 능력을 지니고 있다.

집중하면 저절로 솔직해진다

솔직해지는 방법에는 별다른 것이 없다. 일상적으로 생활하다 보면 저절로 솔직한 상태가 된다. 무언가에 집중하면 저절로 솔직해진다.

우리 모두에게는 '호연지기(천지에 넘치는 만물의 생명력과 활력의 근원이 되는 기운. 『맹자孟子』 공손추상편公孫丑上篇)', 즉 천지의 힘이 잠재되어 있다. 이를 확신하며 사는 것이 인생이 아닐까.

나는 내가 사업적으로 뭘 잘했는지 잘 모르겠다. 신의 인도가 있었지 않았나 싶다. 난 그저 '오치, 이렇게 하거라. 저렇게 하거라'라고 가르쳐 준 대로 했을 뿐이다. 무나카타 시코棟方志功라는 조각가가 있다. 그는 늘 "전 제 작품에 일말의 책임도 없습니다."라고 말한다. 어떤 심정으로 그런 말을 하는지 이제 이해가 간다. 양말을 만드는 것은 좌선을 하는 것과 같다. 시간을 잊고 몰두하기 때문이다. 내 마음을 다 쏟으면 무아지경에 이른다. 순수하게 내가 좋아하는 일을 천직으로 삼았기 때문이다.

하늘의 메시지를 정확하게 수신하기 위해서는 마음을 비우고 한 가지에 집중해야 한다. 그러면 들리기 마련이다.

제2부
창업 시대
- 쇼와昭和 호걸편

07
일곱

만사를 오사五事에
비추어보다

•
•
•

나는 1968년, 28살 때 타비오를 창업했다. 만반의 준비를 하고 독립했던 것이 아니었다. 돈도 없었고 아무런 준비도 못 했는데 부하 두 명과 함께 어느 날 갑자기 회사에서 쫓겨났다. 혼자서 쫓겨났더라면 재취직할만한 곳을 찾아보았을 것이다. 실제로 스카우트 제의도 있었다. 하지만 부하 둘이 길거리에 나앉는 꼴을 지켜볼 수는 없었다. 저금한 돈이라고는 겨우 13만 엔, 할 수 있는 일이라고는 해본 적 있는 양말 도매뿐이었다. 하지만 난 '양말이 날 먹여 살려 줄 거야. 양말은 결코 날 버리지 않아'라고 믿었다. 그만큼 최선을 다해 양말 일을 해왔기 때문이었다.

•
•
•

도제 견습생 13년 차에 찾아온 청천벽력

사정은 이랬다.

장래에 노렌(暖簾, 상점 입구에 거는 상호가 새겨진 천을 말한다. 일본 전통 방식의 간판이라고 생각할 수 있으며, 노렌을 나누어 받는다는 것은 분점으로서 같은 상호명을 내걸고 영업할 수 있다는 것을 의미한다–역자 주)을 나누어 받는 것을 전제로 일하는 것이 바로 도제 견습생이다. 나의 경우에는 10년간 도제 견습생으로 일을 하면 노렌을 나누어 주겠다는 조건으로 견습을 시작했었다.

그리고 도제 견습생을 시작한 지 13년째가 되던 해였다. 견습처 점장 동생이 독립을 하게 됐다. 점장이 내게 "내 동생을 따라가라. 그리고 독립 계획서도 작성해"라고 명령하기에 매일 밤늦게까지 계획서를 작성했다. 약 B4용지 50장 분량으로 계획서를 작성해 당당하게 회사로 갖고 갔다. 그러자 점장은 "동생한테 설명해봐"라고 했다. 나는 점장 동생과 함께 회사 근처에 있는 찻집으로 갔다.

커피를 주문하고 점장 동생은 먼저 "오치는 나중에 독립하고 싶다고 했지? 나랑은 몇 년이나 같이 일해 줄 수 있어?"라며 입을 열었다. "원래는 10년간 봉공하면 독립시켜 주시겠다고 했었거든요. 그렇지 않아도 걱정하던 참이었어요. 정말 열심히 일할 테니까, 앞으로 5년간만 일하면 어떨까요?"라고 대답했다. 그러자 "잠시만 여기서 기다려"라며 찻집에서 나가더니 아무리 기다려도 돌아오지 않았다. 땡전 한 푼 없었기 때문에 전화도 걸 수 없었다.

오후 3시경, 점장이 들어와 노여움으로 가득한 험악한 얼굴로 느닷없이 "네놈이 은혜를 원수로 갚는구나!"라며 호통쳤다. 난 무슨 말인지 전혀 이해할 수 없었다. 앞뒤 상황 설명을 하려고 했지만 제지했다. "동생한테 5년 뒤에 독립시켜달라고 했다지? 네놈 꿍꿍이를 모를 것 같아? 5년 뒤에 동생 회사를 가로챌 심산이지?"라는 것이었다.

가혹한 봉공 생활을 견디며 오랫동안 인내해왔다. 참는 데는 도가 튼 줄 알았는데, 막상 그런 말을 들으니 생각할 기력마저 사라져 버렸다. "그럼 저는 오늘부로 사직하겠습니다"라는 말이 절로 나왔다.

정신을 차리고 보니 어느덧 저녁때가 다 되어 있었다. 나는 아침에 주문했던 차갑게 식은 커피 두 잔을 한 입에 털어 넣고, 계획서를 쫙쫙 찢어 찻집 쓰레기통에 쑤셔 넣고 돌아갔다.

●
●
●

부하 두 명과 출항하다

회사로 돌아오자 종업원이 모두 한자리에 모여 있었다. 점장은 "오치는 제멋대로 회사를 그만두겠다는군."이라고 발표했다. 경악한 것은 그다음이었다. "그럼 구로카와黒川하고 이시마루石丸도 오치를 따라서 나가!"라고 했기 때문이다. 구로카와하고 이시마루는 내 부하였다. "둘은 네가 교육했으니까 당연히 네가 책임져야지"라며 일방적으로 몰아붙였다. "말도 안 돼요!"라며 항의했지만, 부하 두 명은 "오치 선배, 무슨 일이든 할 테니 데려가 주세요"라고 했다.

덧붙여 두 사람은 점장에게 "나도 이딴 회사에서 일할 생각 없어!"라며 호기롭게 큰소리까지 쳤다.

점장한테 그런 말을 했으니 어떻게 두고 가겠는가. 그날은 내가 사는 작은 단칸방으로 두 사람을 데리고 갔다.

그 후로 한동안은 회사에 나가 정신없이 잔무 처리를 했다. 통상 20일이 걸리는 일이다. 하물며 무급이었다. 사업을 하루빨리 시작하고 싶은데 그럴 수 없어 마음이 초조했다.

그렇게 며칠이 지난 어느 날, 잔무 처리를 끝내고 집으로 돌아가는 길이었다. 망연자실하게 넋을 놓고 있었는데 갑자기 하늘에서 손자의 목소리가 들려왔다.

「병자 국지대사 생사지지兵者 國之大事 生死之地
존망지지 불가불찰야. 存亡之地 不可不察也.
고경지이오사 교지이계 이색기정. 故經之以五事 校之以計 而索其情.
일왈도, 이왈천, 삼왈지, 一曰道, 二曰天, 三曰地,
사왈장. 오왈법 四曰將, 五曰法」
(전쟁은 국민의 생사와 국가의 존망이 걸린 중대사이다. 그러므로 전쟁을 시작하기에 앞서 반드시 신중하고 세심한 검토가 필요하다. 전쟁을 승리로 이끌기 위한 다섯 가지 요건이 있다. 바로 '도道'와 '천天'과 '지地'와 '장將'과 '법法'이다. 『손자』 시계편時計篇 제1)

나는 정신을 차리고 방금 들은 '오사五事'에 현재 상황을 비추어 보았다. 자세한 이야기는 다음 장에서 하겠지만, 그랬더니 길이 시원하게 열리는 듯했다. 다음 날 바로 신용금고로 자금을 빌리러 갔고, 자택 겸 사무실로 쓸 곳도 찾기 시작했다.

양말 공장에 출입 금지를 당하다

전 회사에서 일할 때 드나들던 양말 공장을 방문했다. 회사를 그만둔 후 처음으로 방문하는 것이었는데, 거래 요청을 위해서였다. "오치 군이 나중에 독립하면 힘이 돼 줄게. 힘들 땐 언제든지 의논하러 와."라며 따뜻한 말을 건네주던 곳이었다. 하지만 현실은 냉정했다. "너, 돈 있어?"라며 문전박대했다. 그때까지는 한 번도 '너'(ぉ前. 일본어의 2인칭 표현 중에서도 대단히 단도직입적이며 하대하는 말에 해당한다. ―편집자 주)라고 했던 적이 없었기 때문에 충격으로 할 말을 잃고 말았다.

난 도저히 그대로 집으로 갈 수 없었다. 심야에 홀로 오사카와 나라 현 경계에 있는 아나무시토게六虫峠 채석장에 차를 세우고 고개를 떨구었다. 귀신이 출몰하는 것으로 유명한 을씨년스런 산마루로, 제정신으로는 한 시간도 있기 힘든 곳이었다. 거기서 해가 뜰 때까지 멍하니 있었다.

새벽녘이 되자 '하늘이시여, 말도 안 됩니다'라는 생각이 들었다. '하늘은 대체 내게 뭘 바라는 걸까? 나, 오치더러 뭘 하라는 걸까?' 하는 생각에 허무했다.

다음날 아침에 귀가해보니 부하 두 명이 테이블난로에 앉아 날 목 빠지게 기다리고 있었다. 웃으며 "오치 선배, 공장하고는 얘기가 잘 됐어요?"라고 물었다. 날 전적으로 믿고 있었다. "아침까지 기다렸는데 공장장이 돌아오질 않았어. 다음에 다시 가보려고"라고 대답했다. 사실을 말하자니 그들이 가엽게 느껴졌다.

아직 처리해야 할 잔무가 남아 있었지만, 다음 날 두 번째 공장을 방문했다. 그랬더니 사장이 "점장이 오치는 결국 돌아올 거라며 거래하지 말아 달라고 했어. 오치 군, 어서 점장한테 사과해"라는 했다. 남자가 칼을 뽑았으면 무라도 썰어야 한다. 후퇴는 없다.

그 후로 열불이 나고 열통이 터져서 일을 할 수가 없었다. '13년간 뼈 빠지게 일했는데 왜 이런 꼴을 당해야 하지? 질까 보냐! 독립해서 반드시 성공하고 말겠어'. 나는 굳게 다짐했다.

●
●
●

비장의 카드는 '파격'적인 지불 방법

어떻게든 거래할 공장을 확보하기 위해 난 한 가지 조건을 제시했다. '매월 20일 마감, 월말 현금 지불'이었다. 당시 중소 영세기업 대부분이 120일을 주기(지불 기한)로 하는 어음을 발행하고 있었으므로 나도 그렇게 하려고 했었다. 하지만 찬밥, 더운밥을 가릴 때가 아니었다. 다분히 동정표도 있었을 것이다. 공장 몇 군데서 남아있는 재고를 나누어 주겠다고 했다. 그것으로 장사를 시작했다.

첫 청구 마감일은 3월 20일이었다. 청구서를 작성하다 보니 날짜가 1968년 3월 10일로 되어 있었다. 이날은 13년 전, 15살이던 내가 홀로 오사카로 상경했던 날이었다. 그것을 보자 눈시울이 뜨거워지면서 '어떻게든 될 거야! 틀림없이 잘 될 거야!'라는 생각이 들었다.

이때 비책으로 썼던 지불 조건은 그 후로 몇 년간 회사 자금 융통의 발목을 잡았다. 하지만 나는 확신한다. 당시에 무모하다는 것을 알면서도 그 조건으로 밀어붙였기 때문에 기회를 놓치지 않고 회사를 창업할 수 있었던 것이라고. 또 틀림없는 결단이었다고.

●
●
●

남자 한 마리라서 '단男'!

회사명을 처음에는 남자 한 마리라서 '단男'이라고 지으려고 했다. 그런데 부하 두 사람이 "회사명인데 한자 한 글자로 '男'이라고 하는 건 이상한 것 같아요."라고 하기에 가타카나로 단ダン이라고 쓰기로 했다. 타비오의 옛 회사명이다.

'무릇 상품이란 제작해서 기쁘고, 판매해서 기쁘고, 구입해서 기쁘도록 만들어야 한다. 제작해서 기쁘고, 판매해서 기쁘고, 구입해서 기쁘지 않다면 도道에서 벗어난 것이다'. 니노미야 다카노리二宮尊德가 남긴 이 말을 이념으로 삼았다.

처음에 '단은 사회 정의를 추구하며 발전을 도모한다', '단은 업계의 양심이다'를 포함한 다섯 가지 조항을 이념으로 삼으려고 했는데, 창업 동료가 "회사라고 해봐야 가로세로 2미터×2미터짜리 방 하나에, 3미터×4미터짜리 방 하나가 전부인데 사회 정의라니! 너무 과장이 심해서 창피해!"라는 했다. 그래서 줄곧 마음에 품고 있던 다카노리의 말을 경영 이념으로 삼았다.

사실 '제작해서 기쁘고'라는 구절은 다카노리가 쓴 원문에는 없는 구절이다. 내가 멋대로 추가했다. '제작해서 기쁘고'라는 것은 고집스럽게 좋은 제품을 만들겠다는 의미이다. 우리 회사에서는 지금도 매일 조회 시간에 창업 이념을 제창한다.

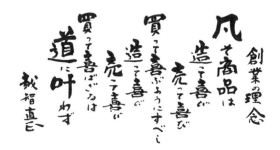

[이미지 속의 글자: 오른쪽에서부터 왼쪽으로]
창업 이념
무릇 상품이란 제작해서 기쁘고,
판매해서 기쁘고, 구입해서 기쁘도록 만들어야 한다.
제작해서 기쁘고, 판매해서 기쁘고,
구입해서 기쁘지 않다면 도道에서 벗어난 것이다.
오치 나오마사

오치 회장 친필 창업 이념

08 여덟

절대적인 잣대를 가져라

．
．
．

경영에 비책은 없다. 원리원칙을 따르면 길이 열린다. 경영자에게
필요한 것은 원리원칙을 습관화하는 것이다. 내가 지금껏 버틸 수 있
었던 것은 중국 고전을 통해 배운 가르침을 모든 사안의 판단 기준이
되는 경영의 잣대로 삼고 의지했던 부분이 크다. 좋고 나쁨을 판단하
는 것은 무척 어려운 일이다. 변화무쌍한 현상을 체험을 바탕으로 판
단해 대책을 세웠다가는 때를 놓치고 만다. 그러므로 경영자는 자신
만의 판단 기준, 정해진 척도를 갖고 있어야 한다.

역사는 반복 된다…. 역사에 시작은 있어도 끝은 없다. 삶의 성패
가 실증되어 있고, 인과 법칙이 열거되어 있는 고전을 읽으면 인생의
일정한 법칙을 이해할 수 있다. 역사에 이름을 남긴 인물과 이야기
대부분은 시대를 대표하는 천재 혹은 악인이다. 그 사람들에게는 선
과 악, 행복과 불행을 둘러싼 공통점이 있다.

태양을 남쪽이나 북쪽으로 지게 할 수 없듯이 도에서 벗어나면 권
력을 손에 쥐더라도 결국 나락으로 떨어진다. 장사도 마찬가지다. 도
에서 벗어난다면 지속적으로 성공할 수 없다. 반대로 도를 지키며 장
사하면 반드시 성공하게 되어 있다.

흔히 '경영자는 고독하다'고 한다. 하지만 난 어떤 국면에서든 중
국 고전에 나오는 가르침에 따라 판단했기 때문에 고독했던 적이 없
다. 오히려 위기 상황에 처했을 때조차 스스로 내린 판단에 자신을

갖고 행동으로 옮길 수 있었다.

내가 15살 때부터 읽은 『손자』의 요체는 '지는 싸움은 하지 마라. 그러기 위해서는 먼저 상대를 알아야 한다'는 것이다.

「지피지기 백전불태. 知彼知己 百戰不殆.
부지피이지기 일승일부. 不知彼而知己 一勝一負.
부지피 부지기 매전필태 不知彼不知己 每戰必殆」
(적을 알고 나를 알면 백번을 싸워도 위태롭지 않다. 나를 알되 적을 모르면 승률은 50대 50이다. 적도 모르고 나도 모르면 싸울 때마다 필히 위태로워진다. 『손자』 모공편謀攻篇 제3)

「부 미전이묘산승자 득산다야. 夫 未戰而廟算勝者 得算多也.
미전이묘산불승자 득산소야. 未戰而廟算不勝者 得算少也.
다산승 소산부승 이황어무산호. 多算勝 少算不勝 而況於無算乎.
오 이차관지 승부견의   吾以此觀之 勝負見矣」
(반드시 개전에 앞서 전쟁 결과를 예측해 보아야 한다. 승패는 예측 여하에 달려있다. 확실하게 승리할 것으로 예측되면 이길 것이나, 확실치 않으면 승리를 전망하기 어렵다. 하물며 예측조차 안 해본 자가 어찌 승리를 거둘 수 있겠는가. 이와 같은 관점에서 살피면 싸워보지 않고도 분명하게 승패를 예견할 수 있다. 『손자』 시계편 제1)

이것이 손자의 가르침이다. 또 이와 같은 문장도 있다.

「승병선승이후구전 勝兵先勝而後求戰,
패병선전이후구승 敗兵先戰而後求勝」
(승패는 먼저 승리하기 위한 조건을 정비한 연후에 전쟁을 시작하는가,
혹은 전쟁을 시작한 연후에 승리하려고 하는가에 따라서 결정된다. 승리
는 거두는 군대는 전자이고, 패배하여 쫓기는 군대는 후자이다. 『손자』
군형편軍形篇 제4)

그렇다면 어떻게 해야 상대를 알 수 있을까. 손자는 전쟁의 승패
를 결정짓는 '오사'를 기준으로 상대와 자신을 비교하고, 부족한 부분
은 보완하기 위한 노력을 게을리해서는 안 된다고 했다. 봉공처에서
갑작스럽게 해고 선고를 받고 실의에 빠졌을 때 내 머리에 떠올랐던
것이 바로 '오사'였다.

『손자』에서 이르는 '오사'란 '도', '천', '지', '장', '법'이다. 손자는
전쟁을 승리로 이끌기 위한 다섯 가지 기본 조건으로 '도', '천', '지',
'장', '법'을 들었다.

'도'는 대의명분이다. 나와 상대 중 누가 옳은 일을 하고 있는가.
누가 민심을 파악하고 있는가.

'천'은 시간적 조건으로, 때를 보는 것을 말한다. 언제 전쟁을 시
작할 것인가.

'지'는 지리적 조건으로, 지리적 유리함을 말한다. 나와 상대 중에
누구의 지리적 형세가 유리한가.

'장'은 리더의 인품이다. 「장수는 지智, 신信, 인仁, 용勇, 엄嚴의 덕

목을 갖추고 있어야 한다」(『손자』 시계편 제1)고 했다. 지는 상대편 장수와 자신을 비교했을 때 누가 전쟁에 정통했으며 지략이 뛰어난가. 신은 누가 거짓말을 하지 않는가. 인은 누가 사람의 마음을 헤아릴 줄 아는가. 용은 누가 용기가 있는가. 엄은 누가 더 위엄이 있으며 직무를 철저하게 수행하는가를 말한다.

이를 장수의 다섯 가지 덕목이라고 하는데, 이를 각각 비교해보라는 뜻이다.

'법'은 규율, 군대의 편성, 장비가 갖추어져 있는가를 말한다. '조직 규칙'과 오늘날로 말하자면 '자금'에 해당한다.

나는 창업하기로 결심하고 오사에 비추어 생각해 보았다.

> 도=우리는 사회 정의를 추구하고, 양말 업계의 양심이 되고자
> 힘쓴다.
> 천=그야말로 봄철 성수기를 앞둔 좋은 시기이다.
> 지=양말 도매상이 밀집되어 있는 오사카에서 수업을 쌓았으
> 며, 사무실은 자유롭게 선택 가능하다.
> 장=장수의 필독서 『손자』를 완벽하게 숙지하고 있다.

부족한 것은 법과 관련된 것, 즉 규율과 군대의 편성 및 장비였다. 나는 이를 '사내 비즈니스 규칙'과 '인재'로 파악했다. 이때까지는 막연히 불안했는데, 오사에 비추어 부족한 것이 무엇인지를 명확히 파악하자 자연스럽게 마음이 진정됐다.

창업 장소를 오사카의 도매상이 모여 있는 중심지가 아니라 거기

에서 1시간 이상 떨어진 곳으로 정한 것도 오사의 '지'에 비추어 판단한 결과였다. 비싼 사무실 임대료에 허덕이다 눈 깜짝할 사이에 폐업하는 동업자가 있는 시대적 상황 하에서 우리 회사는 순조롭게 스타트를 끊을 수 있었다.

『손자』의 핵심은 오사라고 해도 과언이 아니다. 문제에 부닥쳤을 때 자신에게 무엇이 충분하고 무엇이 부족한지를 오사에 비추어 생각해 보는 것만으로도 반드시 돌파구는 열린다.

예를 들어 다음과 같은 구절이 있다.

「도유소불유 군유소불격 塗有所不由 軍有所不擊
성유소불공 지유소불쟁 城有所不攻 地有所不争
군명유소불수　君命有所不受」
(길 중에는 지나서는 안 될 위험한 길도 있다. 적이라고 발견하는 족족
공격하는 것이 능사가 아니다. 오히려 대국적인 불리를 초래할 수 있다.
적진을 칠 때도 마찬가지이고, 땅을 두고 싸울 때도 마찬가지이다. 전쟁할
의미가 없는 경우도 있는 법이다. 주군의 명은 따르는 것이 옳으나. 경우
에 따라서는 반대하는 것이 옳은 때도 있다. 『손자』 구변편九變篇 제8)

'싸우지 않는 것도 한 가지 방법'이라는 뜻으로, 내가 철저하게 가격 경쟁을 피해왔던 것도 이 가르침이 있었기 때문이다.

사람들이 몇 천 년간 읽어온 중국 고전은 수학으로 말하자면 사칙연산과 같다. 중국 고전만큼 확실한 지침서는 없다.

그중에서도 『손자』는 실천서이다. 실무에 응용해야 의미가 있다. 그러나 『손자』는 전쟁을 위한 병법서이므로 오사 이외의 내용을 그대

로 따라 하는 것은 위험하다. 『손자』를 잘못 쓰면 오히려 독이 될 수 있다. 전쟁은 지금 당장 승리하면 그뿐이지만, 비즈니스는 앞으로도 계속 이어나가야 하는 것이기 때문이다.

『손자』에 쓰여 있는 바와 같이 상대를 과도하게 몰아붙이면 원한을 사게 되고, 나중에 각종 폐해가 발생한다.

09 아홉

도구는 쓰지 않으면
의미가 없다

『논어』를 읽으면 공자의 목소리가 들린다

　　고전은 활용하지 않으면 아무 의미도 없다. 불교에는 삼혜三慧라는 가르침이 있다. 바로 '문聞, 사思, 수修'이다. 항상 듣고, 항상 들은 바에 대해 깊이 생각하고, 항상 실천하지 않으면 자기 것이 되지 않는다는 말이다. 그야말로,

　　「지식심지얼야 재능신지요야 知識心之蘖也 才能身之妖也
　　귀총가지화야 부족자손지앙야 貴寵家之禍也 富足子孫之殃也」
　　(지식은 마음을 근심케 하고. 재능은 일신을 현혹하며, 지위가 높은 자에게 총애를 받는 것은 가문에 화가 되고, 재산이 풍족한 것은 자손에게 재앙이 된다. 『신음어呻吟語』)

　　라고 하겠다. 또한 공자도

　　「학이불사즉망 學而不思卽罔
　　사이불학즉태 思而不學卽殆」
　　(책만 읽고 사색하지 않으면 지식을 얻을 수 없으며, 사색만 하고 책을 읽지 않으면 독선적이 된다. 『논어』 위정爲政 15)

라고 했다. 요컨대 지식을 활용하지 못하면 안다고 할 수 없다는 말이다. 나는 예를 들어 『논어』를 읽었는데 공자의 목소리가 들리지 않는다면 제대로 읽은 것이 아니라고 생각한다.

나는 힘든 상황에서 탈출할 방법을 찾기 위해 탐닉하듯이 책을 읽었다. 결코 취미나 오락으로 읽은 것이 아니었다. 인생에도 비즈니스에도 써먹을 수 없는 지식은 필요 없다.

●
●
●

잠에서 깨거든 다시 외거라

독립한 후로 정신없이 바빴지만 '못해도 한 달에 열권은 읽자'며 스스로를 압박했다. 하지만 일에 쫓겨 다섯 권밖에 읽지 못했다. 마음이 무거웠다. 그때 호넨法然이라는 승려의 책을 읽게 됐다.

호넨은 '일심으로 염불하라'고 설파한 승려이다. 어느 신자가 "염불하면 잠이 쏟아집니다. 이럴 땐 어떻게 하면 좋을까요?"라고 묻자, 호넨은 꾸짖지 않고 "잠에서 깨거든 다시 외거라."라고 온화하게 대답해 주었다. 나는 이 구절을 읽고 정신적 속박에서 해방됐다.

문제에 부닥쳐 필요성이 생기면 오히려 고전이 먼저 '여기에 해결책이 쓰여 있어'라며 날 부른다. 만일 난해하여 이해할 수 없다면 현

단계에서는 해당 내용이 필요치 않은 것이다.

　『삼국지연의三國志演義』를 읽었을 때는 가슴이 설레였다. 먼저 읽은 『정사 삼국지正史 三國志』보다 재미있었기 때문이다. '삼국지연의를 먼저 읽었더라면 좋았을 걸.' 하고 후회했을 정도였다. 다만 삼국지연의는 어디까지나 역사 소설이기 때문에 주인공도 미화되어 있고 이야기도 드라마틱하게 각색되어 있다. 이런 경우에는 적군 무장을 주인공으로 한 책을 읽으면 좋다. 다각적으로 볼 수 있어서 경영과 인생에 도움이 된다.

10 열

내게 일어나는 모든 일은
내 마음이 만드는 것이다

＊
＊
＊

　자금 융통하느라 고생을 많이 했다. 경영에는 많은 어려움이 있지만 돈이 없는 것만큼 힘든 일은 없다. 창업한 뒤로 줄곧 아침부터 밤까지 돈 빌릴 생각만 했다. 나는 업계 역사에 남을 최악의 경영자이다. 사람 얼굴만 보면 "돈 좀 빌려줘"라고 했다. 돈을 빌리기 위해 정신없이 뛰어다녔다. 마치 돈 빌리러 다니려고 독립한 꼴이었다. 정신을 차리고 보니 빚더미에 앉아 있었다. 매일이 자금 융통 전쟁이었고 절망적인 자전거 조업의 고통이 뼈에 사무쳤다.

＊
＊
＊

7,000만 엔 부채 지옥에서 절체절명

　상품을 자체 제작하지 않고 떼다 팔기만 하니 장사가 안됐다. 이에 직접 제작해 판매하기로 했다. 다소 불안하기는 했지만 어떻게든 될 것이라는 생각으로 상품 기획에 착수했다. 하지만 제작하려면 실값 등을 선불로 지불해야 했다. 재고도 생긴다. 유명한 여성복 전문점 등 거래처는 늘었지만, 팔리는 상품과 안 팔리는 상품의 차이가 나타나기 시작하면서 재고 걱정을 해야 했다. 창업하고 5년이 지나자

부채는 7,000만 엔으로까지 늘었다. 7,000만 엔은 1970년대로서는 말도 못하게 큰 금액이다. 당시 연매출에 해당하는 금액이었다.

530만 엔짜리 어음 결제일이 이틀 앞으로 다가왔고, "이젠 틀렸어. 내 인생 한 권이 이렇게 결말나는구나." 하고 마음의 준비를 했다. 내 나이 33살 때였다. 생명 보험에 가입되어 있었는데 만일의 경우에는 보험금 2,400만 엔이 지급되게 되어 있었다. 내가 트럭에 뛰어들면 해결될 문제였다. 그렇게 결심하자 할 일은 다 했다는 생각이 들었고 예상 밖으로 후련했다. 사이고 다카모리西鄕隆盛가 마지막에 "신스케晋介 공, 그럼 여기서 부탁하오"라며 자신의 목을 쳐달라고 부탁했던 기분을 이해할 수 있었다. 2,400만 엔이 있으면 부채 7,000만 엔 중 30%는 지불할 수 있다.

●
●
●

업계 최악의 경영자에서 수완가 사장으로 변신하다

나는 마음을 굳히고 그때까지 사업적으로 신세를 졌던, 간사이 지역에서 야마토 식품 슈퍼를 경영하는 후지와라 도시오藤原敏夫 사장을 만나러 갔다. "결국 막다른 길에 다다랐어요. 빚이 산더미처럼 쌓였어요. 내일모레 부도가 날 테니까 이제 그만 결판을 지어야겠어요"라고 말했다.

그러자 후지와라 사장이 "오치 군, 빚더미에 앉았다 빚더미에 앉았다 하는데 대체 빚이 얼마나 되는데?"라고 물었다. "총 7,000만 엔이요"라고 솔직하게 대답했다. 내 대답을 듣고 후지와라 사장이 뭐라고 했을 것 같은가. 그는 놀란 표정으로 "뭐? 자네 수완이 아주 좋구만!"이라고 했다. 그리고 "난 가게를 담보로 잡고 겨우 3억 엔을 빌리는 게 고작이었는데, 자네는 어떻게 담보도 뭣도 없이 7,000만 엔이나 빌릴 수 있었나? 비결을 좀 가르쳐 주게."라며 되묻기까지 했다.

그 한 마디에 정신이 번쩍 들었다. '맞아! 설령 빚이라곤 해도 이만큼의 돈을 빌린 나는 틀림없는 수완가야!'라는 생각이 들었다. 머릿속이 빚 생각으로 가득 차 모든 것을 나쁜 쪽으로만 생각하고 있었다는 것을 깨달았다.

조금 전까지만 해도 모든 것을 포기하고 있었는데 간사이 지역을 주름잡는 유명한 경영자의 뜻밖의 칭찬에 용기를 받은 나는 "또 오겠습니다."라며 돈을 마련하기 위해 용맹하게 뛰쳐나갔다. 어떤 국면에 처하든 포기해서는 안 된다. 퍼뜩 생각지도 못했던 사람의 얼굴이 떠올랐다. '그 사람을 찾아가 보자', '한 번 더 그에게 부탁해 보자' 하는 생각이 들었다. 모든 것은 마음가짐에 달렸다.

결제일까지 이틀밖에 안 남은 상황이었는데, 웬걸 돈이 모였다. 사력을 다해 뛰어다닌 끝에 330만 엔을 빌릴 수 있었다. 그래도 어음 결제 당일에 200만 엔이 부족했다. "아무래도 3시까지 다 모으긴 힘들겠어"라는 생각으로 330만 엔을 들고 거래하던 신용금고를 방문했다. 부족한 자금 문제를 상담하기 위해서였다. 변통하지 못하면 도산을 면할 길이 없었다.

"지점장님 계신가요?" 하고 물으니 "점심 식사하러 가셨어요."라기에 지점장석 옆에 놓인 의자에 앉아 기다리기로 했다. 요 사흘간 전혀 잠을 못 잤기 때문에 가만히 앉아있자니 순식간에 잠에 빠져들었다.

그 사이에 지점장이 돌아와 나를 깨웠다. 나는 "지점장님, 500만 엔짜리 어음을 결제해야 하는데 200만 엔이 부족해요"라고 했다. 그랬더니 지점장이 "내가 오랫동안 신용금고에서 일했지만, 오늘 부도가 날지 모를 판에 코 골면서 자는 사장은 처음 봅니다. 200만 엔쯤은 지점장 권한으로 어떻게든 할 수 있으니 내가 마련해 줄게요"라고 해 주었다.

그래서 최종적으로 부도내지 않고 무사히 위기를 넘길 수 있었다. 돈 빌리는 능력이 뛰어나다면 변제 능력 또한 남 못지않을 것이라는 자신감을 갖게 됐고, 그 후로는 어떤 일에도 동요하지 않게 됐다.

●
●
●

마음먹으면 해결할 수 있고, 도망치면 해결할 수 없다

내게 일어나는 모든 일은 내 마음이 만드는 것이다……. 불교의 가르침이다. 필사적으로 노력하면 웬만한 일은 해결할 수 있다. 걱정할 것 없다.

당신은 혹시 아베 신조安倍晋三 총리에게 상담 요청을 받아본 적이 있는가. "이 문제 때문에 골치가 아파요." 같은 고민 상담 말이다. 인생이란 자기 수준에 맞는 일이 일어나기 마련이다. 나는 늘 자금 문제로 동분서주했지만, 내일 당장 1,000억 엔이 필요했던 적은 없다.

견습 시절에 점장이 곧잘 이런 말을 했었다. "오치, 잘 듣고 명심해. 네게 발생한 문제는 사람의 생사 문제를 제외하는 모두 네가 해결할 수 있기 때문에 발생한 거야. 그러니까 네가 작정하고 마음먹으면 해결할 수 있어. 도망칠 궁리만 하니까 해결하지 못 하는 거야. 네가 일으킨 문제인데 왜 네가 해결하지 못하겠어?"라고 말이다. 정말로 그 말 그대로였다.

11
열하나

검도에 임할 때는
맞을 각오도 해야 한다

•
　　•
　　•

　　도산은 인생에서 벌어지는 오셀로 게임과 같다. 도산하면 어제의 친구, 즉 지원자가 오셀로의 돌이 뒤집히듯이 아군에서 채권자라는 이름의 적으로 순식간에 바뀐다. 장사는 양날의 검이다. 부도를 내면 상대도 찌르게 되지만, 나 자신도 천 갈래 만 갈래로 찢기게 된다.

　　•
　　•
　　•

도산이란 얼마나 무서운 것인가

　　도제 견습생 시절에 도산한 단골 거래처의 채권자 회의에 자주 참석했었다. 양판점의 대두로 기존의 유통 질서를 뿌리째 뒤흔드는 유통 혁명이 일어났고 그 여파를 받은 소매상이 줄지어 망했다.

　　당시 채권자 회의에서 도산한 회사 경영자가 어떤 꼴을 당했었던가. 바닥에 무릎 꿇고 앉은 사장에게 채권자들이 욕설을 퍼부었다. 그런 지옥 같은 광경이 펼쳐졌다.

　　'저런 꼴을 당하느니 죽는 게 낫겠다'는 생각이 들 만큼 사람을 쥐잡듯이 잡았다. 요즘은 어떤지 모르겠지만 내가 채권자 회의에 참석했던 당시에는 그랬다.

나는 충분한 자금 없이 창업했다. 또 거래처 공장을 확보하기 위해 '매월 20일 마감, 월말 현금 지불'이라는 파격적인 지불 조건을 제시할 수밖에 없었기 때문에 창업하고 한동안은 자금을 마련하기 위해 매일 뛰어다녀야 했다.

그래도 망하지 않고 지금까지 회사를 유지할 수 있었던 것은 수없이 아수라장을 목격했던 덕에 도산의 무서움이 뼛속까지 배었기 때문일 것이다.

채권자 회의의 무서움을 모르는 사람이 경영한다는 것 자체가 말이 안 된다. 경영자가 될 때는 그만한 각오를 하지 않아선 안 된다. 자신이 칠 일은 있어도, 맞을 일은 없을 거라는 생각으로 검도에 임하는 사람이 어디에 있겠는가. 경영도 마찬가지이다. 그런 상황이 내몰렸을 때 어떻게 대처할지에 대한 대비책이 없다면 경영자로서 실격이다. 나는 이 나이가 되어서도 최악의 상황을 늘 생각한다.

독립하고 처음으로 맞이한 정월 새해에
창업 파트너와 함께 단벌 양복을 입고(오른쪽).

12 열둘

약속은 반드시 지켜라

“오치, 내가 여든이 되도록 살았지만 너처럼 돈을 잘 빌리는 녀석은 처음이야. 네가 부탁하면 빌려주지 않을 수가 없다니까.” 자금을 빌리러 갔더니 한 경영자가 내게 이렇게 말하면서 돈을 빌려주었다. 또 친구들도 “돈 빌려줄 때 전혀 불안하지 않았어. 너라면 틀림없이 갚을 테니까.”라며 믿었다고 했다.

내 입으로 이런 말을 하기는 좀 그렇지만 나는 말도 못 하게 돈을 잘 빌린다.

옛날에 이런 적이 있었다. 그날은 지인에게 500만 엔을 갚아야 하는 변제일이었다. 정신없이 뛰어다닌 끝에 겨우 500만 엔을 긁어모아 지인에게 변제하러 갔다. “요즘 어때?”라고 묻기에 솔직하게 “사실 내일모레까지 800만 엔을 모아야 해서, 오늘 내일은 돈 구하러 다녀야 해요”라고 대답했다. 그러자 “그럼 오늘 가져온 500만 엔, 다시 가져가. 내일 300만 엔도 빌려줄게”라고 했다.

하지만 나는 그 제안을 정중하게 거절했다.

왜냐하면 견습 시절에 약속은 반드시 지켜야 한다고 철저하게 교육받았기 때문이었다. “납품 기일은 목숨 걸고 지켜라”, “오사카 상인은 약속을 엄수하는 것으로 신용을 쌓았어”, “약속을 안 지키는 놈은 제아무리 능력이 뛰어나도 쓸모없다.” 이것이 점장의 가르침이었다.

약속대로 500만 엔을 변제한 다음에 다시금 800만 엔을 빌리는 것과, 약속을 지키지 않은 채 300만 엔을 추가로 빌리는 것은 전혀 다른 이야기다.

나는 점장의 가르침에 따라서 빌렸던 500만 엔을 갚으며 "오늘은 돈을 받아주시고, 감사한 제안을 해주셨으니 내일 다시 돈을 빌리러 오겠습니다."라고 말했다. "넌 어쩜 그런 생각을 다 하냐?"라며 무릎을 탁 쳤고, 다음날 800만 엔을 빌려주었다.

돈을 빌렸을 때는 반드시 약속한 변제 기한 내에 돈을 갚을 것! 딴데서 빌려서라도 반드시 갚을 것! 이 두 가지가 차용의 대원칙이다.

변제 기일에 여기저기서 빌려서라도 돈을 모아 변제하러 가면, 여전히 주변 사람들이 돈을 빌려주는 신용 있는 사람으로 보인다. 그 신용으로 또 다시 돈을 빌릴 수 있다. 기존에 빌렸던 돈을 변제하지 않은 채 추가로 돈을 빌리면 반대로 '이거 위험하겠는데?'라며 경계 대상으로 보기 시작한다. 기일이 됐으면 일단 돈을 갚는 것이 신용을 쌓는 길이다.

돈을 빌리는 비법

돈을 빌리는 비법이 있다. 처음에는 갖고 있을 것으로 추정되는 금액의 반절을 빌린다. 비즈니스를 하다 보면 대략 상대방이 얼마까지 빌려줄 수 있을지 알 수 있다. 예를 들어 상대가 1,000만 엔을 갖고 있을 것 같으면 "한 500만 엔 정도 빌릴 수 없을까요?" 하고 묻는 것이다. 500만 엔밖에 없는데 "600만 엔을 빌려주세요."라고 하면 "없어요!"라며 거절당하기 마련이다. 이런 경우에는 잘못 파악한 것이므로 다음에 300만 엔을 빌려달라고 한다.

그리고 기일에는 반드시 갚는다. 다음에는 900만 엔을 빌린다. 그리고 "300만 엔이 부족해서 회사가 도산하게 생겼어요."라고 하면 상대는 갖고 있던 100만 엔을 빌려주고, 나 대신 필사적으로 나머지 200만 엔까지 구해준다. 그러지 않으면 자신이 빌려준 900만 엔이 안 돌아오기 때문이다.

단, 이는 반드시 갚을 자신이 있고 또 주변의 절대적인 신뢰가 있을 때 가능한 이야기이다. 부디 오해 없기를 바란다.

●
●
●

돈 빌려달라는 이야기는 후딱 꺼낸다

돈을 빌리러 가면 "안녕하세요?"라고 인사하고 집으로 일단 들어간다. 그리고 "본론부터 얘기하자면 내일까지 ○○○엔이 필요한데 도와주실 수 없을까요?"라는 말로 이야기를 시작한다. 그러고 나서 "날씨가 덥네요, 춥네요" 하고 이야기하면 상대방도 안심한다. 돈을 잘 빌리지 못하는 사람은 날씨가 덥네, 춥네 하는 세상 이야기를 먼저 하고 돌아가기 직전에 돈 이야기를 하니까 상대방이 경계하는 것이다.

나는 이것을 지인에게 돈을 빌리러 갔다가 배웠다. "안녕하세요?" 하고 먼저 인사를 했다. "날이 덥네."라기에 "그러게요. 덥네요."라고 했다. "그럼 들어오게"라며 집안으로 안내해 주었다. "어머니는 잘 계시지?", "누나는 잘 있고?"라고 묻기에 묻는 말에 계속 대답했다. 그러다 보니 돈 빌려달라는 이야기를 할 수가 없다. 결국 쓸데없이 1시간이나 보냈다. 불필요한 이야기를 해선 안 된다. 도착하자마자 즉시 말을 꺼내야 한다. 그리고 나서 다른 이야기를 나누는 것이 최고다.

"요즘 이런 일을 하고 있어요. 이런 걸 만들고 있어요." 하고 앞으로의 꿈 이야기를 하니까 모두 빌려주었다. 스스로 교섭을 잘한다고는 생각지 않지만 죽기 살기로 하니까 여러 가지 방도가 떠오르는 것 같다.

13 열셋

원인 해결 없이는
결과 개선도 없다

●
●
●

옛날에 이런 일이 있었다. 어느 매장의 영업담당자가 내게 "대금 지불이 밀려서 어떻게 해야 할지 모르겠습니다."라며 울며 매달렸다. 매장을 방문하고 충격을 받았다. 양말 판매대에 봄, 여름, 가을, 겨울 상품이 뒤죽박죽으로 섞여 있었기 때문이었다. 이래서는 팔릴 것도 안 팔린다. 난 세 시간에 걸쳐 상품을 정리했다. 해당 계절상품만 남기고, 철 지난 상품은 일괄 정리했다.

입을 벌린 채 멍하니 있는 주인 부부에게 "여러 가지로 폐를 끼쳐 죄송합니다. 철 지난 상품은 재고 처리하고, 부족한 분량은 나중에 배송해 드리겠습니다."라고 설명하고 가게를 빠져나왔다. 체납한 상품 대금에 대해서는 일절 언급하지 않았다.

그러자 부부가 빗속에 주차장까지 쫓아와서 "저희야말로 죄송합니다. 여태까지 밀렸던 상품 대금이에요"라며 돈을 건네려고 했다. 나는 "나중에 담당자에게 전해주세요. 반품 대금하고 상쇄해 주시면 됩니다."라는 말을 남기고 회사로 돌아왔다.

영업은 대금회수업이 아니다

난 부장과 영업담당자를 불러 불같이 화내고 야단쳤다.

"영업이 그저 상품 배송하고 대금만 회수하면 되는 일이야? 언제부터 장사란 게 그런 잘난 일이 됐지? 단골 거래처가 조금이라도 더 장사를 잘할 수 있도록 매장 판매대 상황을 확인하고, 상품을 정리하고, 계절에 맞지 않는 상품 재고가 있으면 서둘러 매장에서 치우는 게 너희 할 일 아니야?"

창업 이념에도 쓰여 있는 바와 같이 우리 회사는 '삼자정립三者鼎立'을 내세우고 있다. 이는 메이커는 물론 도매점과 소매점 그리고 협력 공장까지 그 누구도 손해 보지 않고 모두가 이익을 보는 장사를 항상 지향하겠다는 것이다. 고객이 기뻐하도록 장사하는 것이 진정한 상인이라는 생각이다. 그런데 어느 사이엔가 그 정신을 잊고 대금회수업자가 되어 있었다.

거래처가 되어준 가게는 끝까지 책임져야 한다. 상대방 입장에서 생각해보면 체납 원인이 무엇인지 알 수 있다. 눈앞의 대금 회수 문제에만 머리를 굴리는 것은 태만 이외의 아무것도 아니다.

윗사람일수록 사안의 원인과 근본적인 문제를 살필 줄 알아야 한다. 사람은 자칫 눈앞에서 벌어지고 있는 현상에 사로잡히거나, 눈에 보이는 결과로만 사안의 옳고 그름을 판단하기 쉽다. 인과 법칙을 이해하고 '원인因'을 파고들면 어째서 그런 '결과果'가 발생했는지, 근본적인 문제가 무엇인지를 알 수 있다. 뭐가 잘 돌아가지 않을 때는 상대를 책망하기 전에 자기부터 뒤돌아보아야 한다.

14 열넷

패도가 아닌
왕도를 걸어라

．
．
．

　장사에는 가격 경쟁이 으레 따르기 마련이라고 생각하는 사람이 많다. 하지만 타비오는 의미 없는 전쟁에 참전하지 않으면서도 고객을 모으고자 했다. 어떻게 불필요한 싸움을 피하며 계속 승리를 거둘 수 있었는가. 그 배경에는 "싸우는 것은 패도이다. 경영이란 왕도를 걸어야 하는 법!"이라는 지론이 있다.

　싸워서 승리를 맛보면 경영자는 점점 더 '패도'의 길로 나아간다. 경영은 왕도를 걷지 않아선 안 된다. 왕도란 덕과 인의를 바탕으로 조직을 통솔해가는 것이다. 반대로 패도란 무력과 권모술수로 조직을 지배하고 지휘하는 것이다. 나는 결코 그런 짓만큼은 하지 않겠다고 맹세했다. 그래서 나는 창업하고 한 번도 싸우지 않았다. 가격 다툼을 한 적도 없고 디자인 경쟁을 한 적도 없다. 승산이 있으면 나도 싸운다. 하지만 많은 양말 업계 종사자 중에 중졸에 도제 견습생 출신 사장은 나 정도뿐이다. 이길 수 있을 리가 없다. 경쟁 상대를 쳐부수는 것이 아니라 오히려 경쟁 상대를 내 편으로 만들어 나가야 한다. 난 지금까지 한 번도 양말 업계 사람을 적이라고 생각한 적이 없다.

양말 외길60년 | 괴짜 경영자의 경영철학

가격 경쟁은 덧없는 짓이다

양말 업계에 맹렬한 가격 경쟁 폭풍이 휘몰아친 것은 1970년 후반이었다. 그때까지 양말은 한 켤레 단위로 판매하는 것이 일반적이었는데, '세 켤레에 1,000엔'이라는 판매 형태가 급속도로 퍼져나갔다. 이는 소비자에게 큰 반향을 일으켰고 소매점은 물론이고 도매점과 메이커도 앞을 다투어 세 켤레에 1,000엔으로 판매했다.

단골 거래처와 사내 영업부에서도 "우리도 타사처럼 세 켤레에 1,000엔에 판매하는 게 어떨까요?"라는 목소리가 나왔다. 하지만 난 단골 거래처와 영업부가 뭐라고 하든, 얼마나 많은 회사가 경쟁에 참여하든, '세 켤레에 1,000엔' 시장에 진출하자는 의견에 고개를 가로저었다.

가격 경쟁을 하면 우리 회사처럼 체력이 약한 중소기업에는 승산이 없다. '이길 수 없는 싸움을 해서는 안 된다'는 것 또한 『손자』의 가르침이었다.

하지만 당시 세 켤레에 1,000엔이라는 파격적으로 저렴한 가격은 실로 위협적이었다. 일시적으로 우리 회사 양말은 거의 팔리지 않다시피 했다. 남아도는 원사를 처분해야 한다며 협력공장에서 "세 켤레에 1,000엔짜리 상품을 제작해 주세요!"라며 울며 매달렸다. 할 수 없이 남은 원사가 다 소비될 때까지 기간 한정으로 세 켤레 세트 상품 생산을 단행했다. 통상적으로 정규 가격 상품과 세 켤레에 1,000엔 상품은 사용하는 실도 생산 라인도 다르다. 하지만 우리 회사는 남아 있던 정규 가격 상품용 원사를 써서, 정규 가격 상품용 생산 라인에서 제작했다.

당연히 가격에 비해 품질이 뛰어났으므로 상품은 날개 돋친 듯이 팔렸고 원사도 눈 깜짝할 사이에 처리됐다.

나는 결코 두 번 다시 세 켤레에 1,000엔짜리 양말을 팔 생각이 없었다. 하지만 손쉬운 장사법에 한번 맛을 들이면 같은 수법을 또 쓰고 싶은 것이 사람 마음이다. 단골 거래처와 공장은 물론이고 사원들까지도 세 켤레에 1,000엔 상품을 앞으로도 계속 판매하자고 했다.

나는 사원에게 "절대로 세 켤레에 1,000엔 상품을 주력 상품으로 삼아선 안 돼!"라며 엄포를 놓았다. 영업담당자에게도 정규 상품 판매량으로만 평가하겠다고 강조했다.

영업담당자들의 불만이 이만저만이 아니었다. 잘 팔리지도 않는 정규 상품의 개발 및 판매에 노력과 시간을 들이고 힘을 쏟느니, 타사와 마찬가지로 세 켤레에 1,000엔짜리 양말을 대대적으로 판매하면 매출도 더 빨리 성장할 거라고 했다.

그것이 얼마나 덧없는 싸움인지 아무리 설명해도 소용이 없었다. 결국 "난 세 켤레에 1,000엔짜리 양말을 만들면서 좋아하는 회사에는 미련이 없다. 난 나대로 새로운 회사를 설립해 정규 상품을 만들겠어."라고 선언하기에 이르렀다. 그러자 사원 중에서도 "우리는 제대로 된 양말을 만들어야 해!"라는 목소리가 나오기 시작했고, 결국 모두가 제정신을 차렸다.

세 켤레를 1,000엔에 파는 세트 상품의 기세는 그 후로도 수년간 계속됐고, 시장에 뛰어든 기업들은 격렬한 소모전을 이어나갔다. 물론 세 켤레에 1,000엔 세트 상품에 온 힘을 다 쏟아서 매출을 크게 신장시킨 메이커와 도매상도 있기는 했다. 하지만 세 켤레에 1,000엔이 일반화됨에 따라서 예상대로 품질 좋은 양말을 생산하는 양심적인 도매상일수록 도매가 경쟁력이 떨어져 적자를 면치 못하게 됐고, 결국 도매상 수십 곳이 도산했다. 그때 가격 경쟁에 적극적으로 뛰어들었다면 우리 회사는 어떻게 됐을까.

시장에 조악한 상품이 나돌기 시작한 지 한 2년쯤이 흘렀을까. 재차 품질을 중시하는 풍조가 생겼고, 미처 다 감당할 수 없을 만큼 발주가 쏟아져 들어왔다.

동업자 대부분이 품질보다 가격을 중시하던 시기에도 우리 회사는 흔들리지 않고 끝까지 좋은 품질을 추구했다. 이 신념을 관철했기 때문에 무의미한 가격 경쟁에 휘둘리지 않으면서도 고객을 늘릴 수 있었던 것이다.

타비오에 있어 왕도란 좋은 품질의 양말을 적정한 가격으로 고객에게 판매하는 것이다. 애당초 나는 무력이나 권모술수로 경쟁 업체를 쓰러트리겠다고 생각해 본 적도 없고 잔재주를 부렸던 적도 없다. 내게 왕도 이외의 선택지는 없다.

사회적으로 옳은 일인가

고집스럽게 가격 경쟁을 하지 않았던 것은 왕도를 걷기 위해서만은 아니었다. '정正과 사邪'라는 관점에서 보더라도 가격 경쟁은 해서는 안 된다.

난 기본적으로 '선악'이 아니라 정사를 기준으로 사안을 판단한다. 내 생각에 선악을 판단 기준으로 삼으면 자신에게 이익이 되는 것은 선이 되고, 이익이 되지 않는 것은 악이 된다. 이는 판단 오류이다.

정사로 생각하면 판단 기준에 사회성이 들어간다. 내게는 이득이 되지만 세상에는 도움이 되지 않는다는 식으로 말이다. 이와 같은 관점으로 봤을 때 필요 이상으로 가격 경쟁을 하는 것은 사회적으로 좋은 현상이라고 도저히 생각하기 어렵다. 그로 인해 망한 산업도 있지 않은가.

오치 회장의 판단 기준

【왕도】 덕과 인의를 바탕으로 조직을 통솔하는 것.

【패도】 무력과 권모술수로 조직을 지배하고 지휘하는 것.

【정】 사회적으로 옳은 것.

【사】 사회적으로 옳지 않은 것.

15
열다섯

가난한 자는
부자를 상대하고,
부자는
가난한 자를 상대하라

．
．
．

라이벌이 되지 않는다

상대가 강점으로 삼고 있는 부분과 정면 대결하려고 들기 때문에 싸움이 나는 것이다. 나라도 누가 내 강점을 위협하면 위기감을 느끼고 싸워서 어떻게든 아성을 지키고자 할 것이다. 하지만 씨름판이 다르면 싸울 일도 없다. 창업 초기에 남성 제품으로 출발했던 타비오가 여성 제품으로 메인 사업 영역을 변경한 것도 그 때문이다.

과거에 우리 회사를 포함한 동업자 3사가 상품을 공동 기획했던 적이 있다. 메인은 남성 상품이었다. 그때 매번 대표자 세 명의 의견이 2대1로 나뉘었다. 내가 항상 1이었다. "이게 좋겠어!"라고 해도 통과가 되지 않았다. 2~3년 이상 그런 상태가 지속되자 난 정신이 이상해질 것 같았다. 내가 만들고 싶은 것을 전혀 만들 수 없었기 때문이었다. 그래서 두 사람에게 이렇게 말했다.

"전 여러분과 앞으로도 잘 지내고 싶지만, 이제 기획은 같이 안 할래요. 그렇다고 오늘부로 관계를 끊고 여러분과 라이벌이 되고 싶지도 않아요. 그러니까 우리 회사는 여성 상품으로 전환하렵니다."

당시에 동업자들과 다른 길을 걷기로 선택했던 것은 상품 개발 방향성이 달랐기 때문만은 아니다.

당시, 남성 상품 시장은 대기업이 대부분을 점유하고 있었다. 그에 반해 아직 시장 규모가 작은 여성 상품에는 대기업이 힘을 쏟지 않았기 때문에 시장의 주요 기업들은 중소 메이커와 도매상이 중심이었다. 또 여성 상품이라는 이유로 품질보다 디자인을 중시하는 메이커가 대부분이었다.

난 우리 회사의 양말 품질에 절대적인 자신감을 갖고 있었기 때문에 여성 상품 시장에 승부를 걸었다. 덕분에 어느 순간 깨닫고 보니 여성 양말 톱브랜드가 되어 있었다.

∙
∙
∙

패션 문외한이었기 때문에 성공했다

우리 회사가 어떻게 최고가 될 수 있었을까. 처음에 내가 여성 상품으로 전환하겠다고 하자, 다들 "오치, 네가 여성 상품을 다룰 수 있겠어?"라며 웃었다. 내가 패션 문외한이라는 것을 알았기 때문이다. 나 역시 자신이 없었다. 하지만 패션 문외한이었기 때문에 오히려 여성 양말 업계에서 두각을 나타낼 수 있었다고 생각한다.

여성 제품에 대해 하나부터 열까지 공부했는데 모르는 것이 많았다. 모를 때는 구매 담당자와 소매점 여성 점원에게 솔직하게 모른다고 고백했고 여러 가지로 배웠다.

"이런 상품을 만들었어요"라며 가지고 갔다고 해보자. 그러면 "오치 사장님, 여긴 이렇게 바꾸는 게 좋을 것 같아요."라고 말해 주었다. "당신이 말하는 게 뭔지 모르겠어요."라고 하면 매장을 샅샅이 뒤져서 찾아주었고 실물을 보여주었다.

난 "네, 알겠어요!"라고 말하고 즉시 공장으로 직행했다. 저녁때 업무 종료하기 직전에 공장으로 뛰어가곤 했기 때문에 붕어빵이나 문어빵, 아이스크림 등을 사가지고 갔다. 그리고 공장장에게 "미안하지만 만들어 줘요"라고 부탁했다. 즉시 조언받은 대로 변경해 다음 날 샘플을 들고 갔다. 초고속으로 만들어 갔기 때문에 다들 놀라 자빠졌다. 이같이 계속하다 보니 어느 사이엔가 우리 회사가 여성 상품 중에서는 최고가 되어 있었다.

어드바이스 해 준 사람들이 내 편이 되어 주었다. 언제부터인가 다음에는 이런 것을 만들어보자며 자발적으로 상품 기획도 해 주었다. 내가 그들의 말을 그대로 따랐기 때문이다. 팥으로 된장을 쑤자고 해도 그대로 변경했을 정도였다.

패션에 흥미도 없었고 나만의 확실한 지론도 없었기 때문이다. "구매 담당자와 소매점 직원이 좋다고 했으니까 틀림없이 잘 팔릴 거야"라고 생각했다. 남성 제품이었다면 저항했겠지만, 여성 제품에 관해서는 아는 것이 아무것도 없었기 때문에 남의 말에 따르는 것에 아무런 저항감이 없었다.

내 편으로 만들어야겠다는 흑심도 없었다. 다만 상대가 열심히 가르쳐 주었으므로 나도 열심히 그 사람의 말을 들었을 뿐이다. 그랬더니 내 편이 되어 주었다.

적을 치려거든 먼저 장수부터 노려라

오사카에서는 "가난한 자는 부자를 상대하고, 부자는 가난한 자를 상대하라"고 가르친다. 맨손으로 시작한 가난한 회사였으므로 양말에 돈을 쓸 만한 여유가 있는 고객에게 좋은 제품을 제공하는 것이 회사가 살아남을 길이라고 판단했다. 그러므로 여성 제품을 취급하는 전문점을 상대로 장사하기 시작했다.

여성 제품 시장에 참입해서도 공자가 말했듯 '적을 치려거든 먼저 장수부터 공격하라'는 가르침에 따라 여성복 전문점 분야에서 당시 톱클래스를 자랑했던 산아이三愛와 타마야玉屋에 먼저 거래 제안을 했다. 업계 톱클래스를 공략하면 신용이 생겨 거래처가 자연히 늘어날 거라고 판단했기 때문이었다.

실제로 산아이와 타마야하고 거래를 시작하자 영업하지 않아도 거래하고 싶다며 문의해 오는 전문점이 늘어났고 매출도 순조롭게 증가했다.

타비오가 도매점에서 소매점으로 진출할 수 있었던 것은 타이밍을 잘 맞추었기 때문이었다.

'세 켤레에 1,000엔' 전쟁을 치른 후 거래처가 전국적으로 1,400점포 가까이 늘면서 순조롭게 사업이 확장되는 듯했는데, 난감한 문제가 발생했다. 산아이와 타마야를 비롯한 유력 여성복 전문점에서 점원을 아르바이트생으로 교체하기 시작했다. 우리가 좋은 소재로 만든 고품질 양말을 상품 지식이 전혀 없는 아르바이트생이 판매하게 된 것이다.

전문점 경영진에게 "소비자가 선택한 상품을 그저 판매대에서 포장해 줄 뿐이라면 양판점과 다를 게 없어요. 이는 전문점이란 존재 의식을 스스로 부정하는 게 됩니다. 전문점이라면 정사원을 배치해야죠"라며 교섭을 반복했지만 헛수고로 끝났다. 전부터 갖고 있던 '내가 만든 양말을 본격적으로 팔고 싶다. 직접 양말 전문점을 운영하고 싶다'는 마음이 더 강해졌다.

나는 승부에 나섰다. 1킬로그램에 5,000엔이나 하는 알파카라는 고급 소재를 사용한 양말을 개발했고 판매를 개시했다. 각 전문점 회사에 세탁기로 빨면 너덜너덜해지므로 반드시 손빨래해야 한다고 고객에게 제대로 설명해달라고 거듭 강조했다. 하지만 결과적으로 클레임이 쇄도했다.

●
●
●

전문점을 통한 판매를 단념하고 소매업에 진출하다

소위 유력 전문점이라고 불리는 곳일수록 고객에게 제대로 설명을 하지 않았다. 나는 이때 양판점과 다른 그 어떤 차별화도 꾀하지 못하는 여성복 전문점에 더는 제품 판매를 맡길 수 없겠다고 판단했다.

이 시기에 산아이가 전문점에서 디벨로퍼로 사업 분야를 바꾸기 시작했다. 그리고 우리 회사에도 양말 전문점을 산아이 점내에 출점해 달라고 제안했다. 새로운 판매 방법의 필요성을 느끼고 있었던 차였으므로 고베 시神戸市에 위치한 산아이 산노미야점三宮店에 1982년에 큰맘 먹고 1평짜리 점포를 출점했다. 점명은 직영점이라는 의미로 '다이렉트 오퍼레이션 시스템'의 두문자를 따서 'DOS'라고 붙였다.

재고와 매출을 모두 우리가 관리하고 판매 수수료를 빌딩 측에 지불하기로 계약하고, 판매원을 데리고 공장을 뛰어다니며 철저하게 양말 관련 지식을 쌓게 한 다음에 매장 근무를 시켰더니 매출이 비약적으로 상승했다.

그 후로 산아이 신주쿠점新宿店, 니시긴자점西銀座店, 후쿠오카덴진 코어점福岡天神Core店에도 출점해달라고 요청이 들어왔다. 제안을 받아들여 출점한 결과, 놀랍게도 전 매장이 경이로운 매출을 기록했다.

이에 소매업에 진출하기로 결심을 굳혔다. 지금 타이밍이면 거래 중인 전문점의 반발도 사지 않을 수 있겠다고 확신했기 때문이었다.

정사원 판매원을 배치해달라고 거듭 요청했음에도 전문점은 듣는 척도 하지 않았고 그로 인해 알파카 양말에서 수백만 엔에 달하는 손해를 입은 직후였으므로 우리가 소매업에 진출하겠다는 말을 꺼내더라도 납득해 줄 거라고 생각했다.

실제로 산아이를 비롯한 많은 전문점은 그 후로 우리 회사가 양말 전문점 '쿠츠시타야'를 전개해 나가는 것을 응원해 주었다. 그때까지 우리는 전문점과의 거래를 통해 성장할 수 있었던 셈이므로 좀 더 이른 시기에 소매를 시작했더라면 거래처의 맹렬한 반발을 피할 길이 없었을 것이다.

이처럼 사소한 기회를 잘 살리는 것이 경영에서는 중요하다. 요즘처럼 어려운 시대에는 자칫 눈앞의 이익에 현혹되거나 기묘한 계책을 짜려 하기 쉽다. 하지만 도리에 맞는 장사를 지속적으로 추구하면 길이 열리는 법이다.

나는 내가 '사명감'을 느끼는 제품을 세상에 내놓는 것으로, 모두를 기쁘게 하기 위해 경영한다. 물론 괴롭고 힘들 때도 있다. 하지만 즐거울 때가 훨씬 많다. 난 이것이 경영의 본 모습이라고 생각한다.

경쟁하고 패도에 발을 들이면 경영하는 즐거움은 사라지고 힘든 부분만 남는다. 사람들한테 미움도 산다. 그래서 그렇게 되지 않기 위해 난 누가 뭐래도 싸우지 않는 경영을 한다. 어차피 싸울 거라면 내 이상과 싸우고 싶다.

산노미야에 1평짜리 직영 1호점을 오픈하다(사진 중앙 안쪽의 한켠)

16
열여섯

이름에 부끄럽지 않게
일하라

산아이 산노미야점에 1982년에 1평짜리 매장을 출점했다. 산노미야점의 평효율이 여타 매장보다 좋다는 사실을 알게 되자 세입 매장이 아니라 직접 양말 전문 체인점을 차리고 싶다는 마음이 강렬해졌다.

회의에 부쳤더니 "지금껏 부속품에 불과하던 양말에 시민권을 부여해 줍시다!"라며 논의가 뜨겁게 달아올랐다. 그리고 1984년 11월 1일에 후쿠오카 현福岡県 구루메 시久留米市에 '쿠츠시타야' 1호점을 오픈했다.

오픈했을 땐 온몸이 떨렸다. 매장에 나가 있던 사원한테서 밤늦게 전화가 걸려왔는데 흐느끼는 목소리로 "사장님! 성공이에요!"라고 했다. 난 매출을 듣고 깜짝 놀랐다. 이것이 쿠츠시타야의 시작이다.

불과 4.7평짜리 매장에 사람들이 새까맣게 몰려들었는데 그중에서도 여중생과 여고생이 특히 많이 방문해 주었다. 쿠츠시타야는 대호평을 받았고 매장은 순식간에 4개로 늘었다. 이번에는 필사적으로 양말을 제조해야 했지만, 덕분에 쿠츠시타야는 순조롭게 발전할 수 있었다.

'쿠츠시타야'라는 상호명에 반대하다

그 과정에서 유일하게 내가 반대했던 것은 '쿠츠시타야'라는 우리 매장 상호였다. 나라奈良에서 "무슨 일 하세요?"라고 물으면 대개 "쿠츠시타야예요."라고 대답한다('쿠츠시타야'는 일본어로 '양말 가게' 혹은 '양말 가게 주인'을 뜻한다—역자 주). 모두가 자신을 '쿠츠시타야'라고 소개하는데 가운데 내가 '쿠츠시타야'를 상호로 쓴다라. 이 얼마나 거만한 짓인가. 나아가 '쿠츠시타야'라는 상호를 쓰는 이상에는 양말 업계를 책임지지 않아선 안 된다. 그래서 상호를 쿠츠시타야로 하자는 의견에 강경하게 반대했었다.

난 예를 들어 프리티 삭스 같은 영어 이름을 원했다. 세련된 느낌이 들지 않는가. 그래서 영어 사전을 샀고 이래저래 뒤적여보며 여러 가지로 제안했다. 하지만 상대도 해 주지 않았다. 영어를 잘하는 사원에게 "나보다 영어를 잘하잖아! 뭐 좀 사랑스러운 이름을 생각해봐 봐!"라고 했지만 생각해보는 척도 하지 않았다. 하지만 결국 "사장님! 전 쿠츠시타야란 이름이 사랑스러운 것 같아요!"라는 상품 디자이너의 한 마디에 결심을 굳혔다.

2000년 10월 6일에 우리 회사는 오사카 증권거래소 제2부(2013년에 도쿄 증권거래소로 시장 변경)에 상장했다. 상호를 쿠츠시타야라고 하지 않았더라면 필시 상장하지 못했을 것이다. 내게 "상호에 먹칠을 해선 안 돼!", "양말 업계도 상장할 수 있다는 걸 보여주겠어!"라는 마음이 있었기 때문이다. 하지만 지금도 과분한 이름을 쓰고 있다고 생각한다.

쿠츠시타야 1호점(후쿠오카현 구루메시)

17
열일곱

단점이 하나 있으면,
장점이 두 개 있기 마련이다

・
・
・

창업 초기에는 양말을 조달하기조차 힘들던 시기도 있었지만, 1969년부터 자사 기획 상품을 개발 판매하기 시작하면서 일거리가 조금씩 늘기 시작했다. 여전히 자금 융통을 하기 위해 사방팔방으로 뛰어다녀야 했지만 조금은 여유가 생겼기에 사업 전개에 박차를 가하기 위해 영업 사원을 증원하기로 결심했다.

쉽지 않았지만 양말 도매 경험이 있는 사람 다섯 명을 채용했고 나는 제조에 전념할 수 있게 됐다. 하지만 일은 내 뜻대로 되지 않았다. 그 가운데 한 명이 상품을 부정 유출했고, 결국 그 사실이 발각됐다.

한 거래처에서 1,000만 엔이 입금돼야 하는데 100만 엔밖에 들어오지 않았다. 이상해서 알아보니 영업담당자가 상품 900만 엔어치를 전매해 착복한 것으로 드러났다.

분노가 치밀어 올랐지만 상품 유출로 발생한 구멍을 즉시 메우지 않으면 안 됐다. 서둘러 고향 선배 경영자에게 지금 당장 필요한 자금을 빌리러 갔다. 이가 갈리는 심정으로 자초지종을 털어놓자 선배는 이렇게 호통쳤다.

"어이, 도둑 제조 회사 사장! 걔가 처음부터 도둑이었어? 넌 도둑을 채용하냐? 네 교육을 받고 도둑이 된 거야. 돈은 빌려줄게. 하지만 오치, 회사에서 무슨 일이 벌어졌든 그건 다 사장 책임이다. 사원을 좋은 인재로 만드는 것도, 나쁜 인재로 만드는 것도 너 하기 나름이야."

선배 경영자는 "그 사원한테 사과하면, 천천히 갚을 수 있게 여유를 줄게"라고 했지만, 아무렇지 않은 얼굴로 출근한 사원을 보자 피가 거꾸로 솟구쳐 주먹을 날렸고 해고 통보를 했다.

확실히 당시에 나는 낮에는 거래처를 돌았고, 밤에는 공장에서 회의를 했다. 회사에는 아침에만 잠깐 얼굴을 비쳤고, 사원은 아무렇게나 내버려 두었다. 회사가 조금 성장했다고 우쭐해서 방심했던 내 태도를 반성했다. 내가 상품 관리 상황을 제대로 체크했다면 이런 사태는 벌어지지 않았을 것이다. 한마디로 평상시 경영자의 자세와 정신교육이 중요함을 배운 사건이었다.

『논어』에도 이런 구절이 있다.

「기신정 불령이행 其身正 不令而行
기신부정 수령부종 其身不正 雖令不從」
(자신이 올바르면 명령하지 않아도 행하지만, 자신이 바르지 않으면 비록 명령하더라도 따르지 않는다. 『논어』 자로子路 6)

어떤 리더가 될 것인가.

나는 『손자』가 제시한 전쟁에서 승리하기 위한 다섯 가지 기본 조건 '오사', 즉 '도', '천', '지', '장', '법'을 경영의 잣대로 삼고 있다. 그중 하나인 '장'은 리더가 갖추어야 할 덕성을 가리킨다. 여기에도 다섯 가지 조건이 있는데, 이를 장수의 다섯 가지 덕목이라고 부른다.

「장자 지신인용엄야將者 智信仁勇嚴也」
(장수는 지략, 신의, 자애, 용기, 위엄의 다섯 덕목을 갖추고 있어야 한다. 『손자』 시계편 제1)

이 중에 '인'이란 '자애'를 의미한다. 장수의 자애란 단순하게 친절하게 대하고 배려하는 것이 아니다. 엄하게 꾸짖을 때조차 부하가 은혜를 느끼는 어진 마음이다. 분노는 감정이지만, 꾸짖음은 교육이다.

하지만 부하를 후대할 뿐 뜻대로 부리지 못하고, 귀여워할 뿐 명령하지 못하고, 기강이 흩어져도 통솔하지 못한다면, 부모가 아이의 응석을 받아주는 것에 불과하다. 전력에는 도움이 되지 않는다.

따뜻하게 보듬기보다 어엿한 사회인으로 키운다.

이런 사원이 있었다. '쿠츠시타야'를 오픈하고 얼마 지나지 않았던 1980년대 후반에 영업 사원을 모집했었는데 소아마비로 한쪽 다리에 장애가 있는 다나카 쇼지라는 청년이 면접을 보러 왔다.

"우리 회사는 중소기업이라 특별대우는 못 해 주네"라고 했지만 일하고 싶다고 강력하게 희망하기에 채용하기로 결정했다.

핸디캡을 극복하길 바라는 마음이 컸던 나머지 어쩌면 다른 사원보다 더 엄격하게 지도했었는지 모른다. 그의 상사가 "너무 엄하신 것 아닙니까?"라고 했을 정도였다. 그도 그럴 것이 좌우간 매일 큰소리로 호되게 꾸짖었다. 하지만 나는 반박했다.

"내가 다나카 군을 따뜻하게 보듬어 주면 다리가 낫나? 난 녀석을 어엿한 사회인으로 만들고 싶어!"

며칠 뒤에 다나카 군에게 이렇게 말했다. "난 다리가 불편하지 않아서 자네가 얼마나 힘든지 사실 몰라. 근데 내가 읽은 고전에 이렇게 쓰여 있었어. 하늘은 인간에게 장점과 단점을 주는데, 단점 하나당 장점 두 개를 준다고. 자네는 다리가 불편하지만 그 대신 어떤 장점을 갖고 있는지 리스트로 작성해서 제출해!"라며 숙제를 내주었다.

다음날 그가 가져온 달랑 한 장짜리 리포트 용지에는 '살아 있는 것만으로 행복하다. 나머지 한쪽 다리는 튼튼하다'라고 적혀 있었다. 나는 "고작, 이게 다야? 이런 얼간이 자식! 나가 죽어!"라며 격노했다.

그 후로 다나카 군은 인생관이 바뀌었다. 점차 적극적으로 행동했고, 모두가 동경하는 사내 최고의 마돈나와 동기 사원 중에서 제일 먼저 결혼했다. 다나카 군은 컴퓨터 부문에서 재능을 발휘했고, 현재는 유통 부문 자회사인 타비오나라의 대표이사로 활약 중이다.

전 세계에서도 희귀한 양말 전문 기업

타비오는 '쿠츠시타야'로 대표되는 양말 전문 체인점을 전국적으로 전개하고 있다. 높은 품질과 독자적인 생산 판매 관리 시스템을 자랑하는 양말 분야 최고의 브랜드이다.

여성용 양말을 중심으로 연간 3,000~4,000가지 양말을 기획 판매하고 있다. 일본 국내에는 직영점과 프랜차이즈를 합쳐 291점이 있으며, 해외에는 런던에 2개 점포, 프랑스 파리에 2개 점포를 운영 중이며, 중국 다롄과 타이완에도 진출했다. 2016년 2월기 매출은 166억 9,600만 엔, 경상이익은 7억 7,100만 엔, 사원 수는 266명(그룹 전체)이었다.

오치 나오마사는 1968년 3월에 '단삭스'를 창업해 양말 도매업으로 스타트했다. 그 후로 자사 상품 기획에 착수했고, 1982년에는 소매업에 진출했다. 해외에서 생산된 염가 제품이 유입되는 가운데 고집스럽게 '일본 국산 양말'만을 판매했다.

양말 업계에서 타비오는 국내 시장 점유율 6위를 차지하고 있다. 1위부터 순서대로 나열하면 오카모토岡本, 후쿠스케福助, 아츠기Atsugi, 군제Gunze, 스케노助野, 그리고 타비오이다(섬연신문繊研新聞 〈2014년도 양말 제조 도매업적 순위〉 조사). 1위를 차지한 오카모토와 5위를 차지한 스케노는 대형 양판점을 대상으로 하는 도매가 중심이었고,

후쿠스케와 아츠기, 군제의 3사는 모두 대기업이지만 굳이 말하자면 속옷과 스타킹이 메인으로 전체 매출에서 양말이 차지하는 비율은 그리 크지 않다.

어째서 양말만 취급하지 않는가? 이는 양말이 계절 변동 상품이기 때문이다. 여름에는 상품이 잘 팔리지 않고, 추워지는 겨울철에는 판매량이 여름 시즌의 7~8배로 증가한다. 상품 단가도 울 등의 따뜻한 소재를 사용하는 겨울철이 당연히 높다. 그 결과, 매출이 적어 자금 융통이 힘든 여름철에도 단가 높은 가을·겨울철 소재를 구매해야 하기 때문에 경영이 쉽게 불안정해진다. 이에 메이커는 양말을 제조하는 한편 동시에 다양한 여타 상품을 취급함으로써 매출 평준화를 도모한다.

그래서 순수하게 양말만 일정 수량 이상 취급하는 기업은 전 세계적으로도 찾아보기 힘들다. 일본에서도 타비오가 유일하다. 해외에서 찾아볼 수 있는 것도 독일 브랜드 팔케FALKE 정도이다.

양말 전문 기업이라는 점 외에 타비오를 특징짓는 것은 바로 일관된 일본 국내 생산이다.

1980년대 중반 이후로 엔고가 진행되면서 의류 산업뿐 아니라 일본 제조업 전반의 채산이 악화됐다. 생산 거점을 해외로 옮긴 일부 양말 공장을 제외하고는 도산 및 폐업을 피할 길이 없었다. 당시의 영향으로 지금도 일본에서 유통되는 양말의 약 90%가 해외에서 생산되고 있다. 하지만 이와 같은 시대적 흐름 속에서 타비오는 일본 국내에 남아 있던 양말 공장을 하나로 통합했고 고집스럽게 일본 국산 제품만 생산했다.

양말 전문 기업이라는 점과 일본 국내에서만 생산한다는 두 가지 특징이 낳는 한 가지 메리트는 바로 압도적으로 뛰어난 고품질이다. 타비오가 일본 국내 생산을 견지하는 것도 결국 좋은 상품을 만들기 위함이다. 같은 기계를 사용하더라도 실이 끼워진 상태나 바늘이 움직이는 정도 등 미묘한 조작 차이로 상품 완성도가 완전히 달라진다. 해외에서는 양말 제조에 반드시 필요한 이 절묘한 감각을 구현하기 힘들다. 작은 차이지만 이것이 쌓이면 큰 차이가 된다. 디자이너가 구상한 대로 내구성은 뛰어나고 착용감은 좋게 만들어낼 수 있는 곳은 일본 양말 공장뿐이다.

타비오는 품질 기준을 일본 공업 규격JIS을 넘어 업계 최고 수준으로 설정하고, 이에 합격하지 못한 상품은 판매하지 않는 것을 방침으로 삼고 있다. 이를 위해 검사기기를 갖추었고, 합격 기준에 도달할 때까지 수정을 반복한다. 업계 중에서도 이 정도 수준의 체제를 갖추고 있는 곳은 타비오 뿐이다. 해외 공장이 쉽게 따라올 수 있을 리 없다.

타비오는 2009년부터 협력공장과 물류시설이 있는 나라 현 고료초広陵町 등 휴경지에서 양말의 원료가 되는 목화 재배를 시작했다. 농약도 화학 비료도 사용하지 않는다. 현재 원재료로 사용 중인 면은 주로 미국산과 인도산이지만, 나라 지역에서 진행 중인 목화 재배가 궤도에 오르면 원재료부터 100% 일본 국내 생산하는 양말을 만드는 날이 도래하는 것도 꿈은 아닐 것이다.

제2부 창업 시대 – 쇼와昭和 초결편
17년간이 하나 있으면, 장정이 두 개 있기 마련이다

타비오가 가진 두 가지 특성이 낳는 또 하나의 메리트는 다양한 상품 구성이다. 양말 전문 기업이기 때문에 디자인에 자원을 아낌없이 투입할 수 있고, 일본 국내에서 생산하기 때문에 다양한 디자인의 상품을 단기간에 형태화할 수 있다.

특히 메인 상품이 되는 여성용 상품의 선택폭이 넓기에 TPO에 맞추어 무늬와 컬러, 형태, 길이, 기능을 선택할 수 있다는 점에서 타비오를 능가할 기업은 전 세계 어디에도 없다. 매장에는 베이직한 제품은 물론 요즘 유행하는 컬러풀한 디자인의 양말도 전시되어 있다.

굳이 말하자면 타비오가 여성용 양말 분야를 개척했다고 해도 과언이 아니다.

양말에는 남성용·여성용·아동용이 있는데, 제일 판매량이 적었던 것이 여성용이었다. 약 40년 전만 해도 여성에게는 스타킹은 물론이고 양말을 신는 습관이 없었다.

그런데 타비오가 1980년대에 여고생을 겨냥해 스쿨 양말을 시장에 투입했다. 당시 여고생은 제2차 세계대전 직후인 1946~1949년에 태어난 일본의 1차 베이비붐 세대가 낳은 2차 베이비붐 세대에 해당하는데, 이들은 성장해 어른이 된 지금도 양말을 신는다. 그 후로 에어로빅용 '레그워머'를 패션용으로 어레인지 하기도 하고, 무릎까지 올라오는 '오버니 삭스'를 미니스커트와 함께 매치하는 등 양말을 다양하게 즐기는 방법을 소비자와 함께 찾고 있다.

해외, 특히 유럽 백화점에서 인기를 끌고 있는 양말은 팔케다. 그런 팔케도 일본 시장 진출에는 소극적이다. 팔케의 간부가 일본을 시찰하러 와서 타비오 매장을 방문하고 "이토록 다양한 고품질 양말을 모아놓은 매장이 전국 각지에 있는 국가에 새삼 진출해본들 이익을 보긴 힘들겠다."라고 했다는 일화가 있다.

20년 넘도록 줄곧 사양길을 걷고 있는 양말 업계와 코스트 높은 국내 생산이라는 타비오의 두 가지 전략을 보며 '어떻게 성장할 수 있는 거지?' 하고 의문스럽게 생각하는 사람도 있을 것이다. 하지만 정반대이다. 일본 국산을 고집하는 양말 전문 기업이기 때문에 저렴한 수입품에 압도되어 고전을 면치 못하는 양말 업계 속에서도 계속 성장할 수 있었던 것이 아닐까? (오기시마 히사에荻島央江)

제3부
황금 시대
- 비원 달성편

18
열여덟

자나 깨나 끊임없이
좋은 일을 생각한다

창업한 지 5년째 되던 해에 7,000만 엔에 달하는 부채로 위기에 빠졌을 때의 일이다. 어떻게든 결국 돈을 마련해 도산을 면하고 회사로 돌아와서 당시 경리재무 담당자였던 전 전무 이마이 마사타카今井正孝에게 "난 지금까지는 돈 빌리는 선수였는데, 앞으로는 돈 갚는 선수가 되려고 해. 뭐 좋은 방법이 없을까?"라며 상담 요청을 했다. '자전거 조업'은 이제 지긋지긋했다.

그러자 이마이는 "저금해둔 돈을 찾으세요."라고 했다. 난 실망해서 "모아둔 돈이 어딨어!"라고 대답했다. 이번에는 "그럼 뭐 팔 건 없으세요?"라고 물었다. "텔레비전하고 냉장고는 없지만, 전기밥솥하고 옷장은 있어!"라고 하자, "그런 거 말고 부동산 같은 거요. 고향에 내려가서 얼마간이라도 받아오시죠?"라며 냉담하게 대답했다.

독립을 앞두고 큰 형에게 창업 자금을 빌려달라고 부탁했었다. 하지만 큰 형은 "성공한다는 보장도 없는 일에 돈을 빌려주는 바보가 세상천지 어디에 있느냐?"라며 한 푼도 빌려주지 않았다. 그런 형한테 뭘 받을 수 있을 리가 없었다.

그러자 이마이는 "저금도 없고, 팔 것도 없고, 받을 것도 없으면, 열심히 벌어서 갚는 것밖에는 방법이 없겠는데요?"라고 했다. '나도 알지만 그래도 방법이 뭐 없을까 하고 진지하게 상담 요청을 했던 건데!' 하는 생각에 열이 뻗쳤다. 난 의자를 세게 걷어차고 회사를 나왔다. 그날은 집으로 돌아가서 곧장 이불을 덮고 누워 버렸다. 하지만 아무리 생각해도 벌어서 갚는 것 외에 달리 방법이 떠오르지 않았다.

●
●
●

안 팔리는 물건은 만들지 말라

다음날 이마이에게 "어제는 미안했어. 나는 돈 벌려고 장사하는 건데, 돈이 전혀 벌리질 않아. 어떻게 하면 좋을까?"라고 다시 물었더니, "100데카(1데카=10켤레)밖에 안 팔리는데 300데카를 만드니까 안 되는 거예요. 팔리는 물건을 팔리는 만큼 만들어야죠. 안 팔리는 건 만들지 마세요."라고 했다.

양말은 팔리는 것만 극단적으로 잘 팔린다. 어떤 디자인이든 어떤 색깔이든 평균적으로 잘 팔리는 것은 아니다. 그런데 당시에 양말 1종류당 최소 생산 수량은 300데카였다. 1데카가 10켤레이므로 3,000켤레인 셈이다. 잘 팔릴 것으로 예상되는 제품은 500데카, 600데카를 생산했다. 예측이 틀리면 다 재고가 된다.

이마이의 지적은 도제 견습생 시절부터 내가 줄곧 마음에 품고 있던 난제였던 만큼, "그게 가능하면 누가 고생을 해!"라며 반발하게 됐다.

도제 견습생 시절에는 양말이 너무 잘 팔려도, 팔리지 않고 남아도 점장에게 눈물이 쏙 빠지도록 혼이 났다. 내가 견습생으로 일했던 곳은 소규모 회사였기 때문에 공장이 100% 전속이 아니었다. 다른 도매상의 주문도 받았기 때문에 잘 팔린다고 추가 주문을 넣어봐야 생산되기까지 시간이 오래 걸려서 추가 생산은 기본적으로 불가능했다.

따라서 품절되면 "네가 예측을 제대로 못 해서 원래라면 더 많이 팔렸을 것을, 그만큼 손실을 보았지 않느냐!"라며 야단쳤고, 팔리지 않고 남으면 "상품과 재고는 전혀 달라. 상품은 이익을 낳지만 재고는 적자를 낳는데, 이게 같냐? 어디서 재고나 만들고!"라고 질책했다.

만든 제품을 완판하기 위해서는 판매 예측을 정확하게 해야 하지만, 대개는 빗나간다. 현재 취급 중인 양말 가지 수가 컬러와 사이즈 차이까지 포함하면 약 2만 5,000가지이다. 이 중에서 어떤 제품이 히트칠지는 판매해보지 않고는 모른다. 봄과 가을에 신상품을 출시하는데, 일단 고객에게 다양한 선택지를 제공한 다음에 팔림새에 따라서 인기 상품을 추가해 나가는 것이 좋다.

●
●
●

유명 라이벌 매장을 이길 수 있었던 이유

1982년에 타비오는 산아이 산노미야점에 처음으로 직영점을 출점했었다. 그래 봐야 고작 1평에 불과한 자그마한 공간이었다. 막상 오픈하고 보니 바로 통로 건너편에 도쿄의 유명 라이벌 회사가 6평짜리 매장을 오픈한 것이었다. 도저히 경쟁이 되지 않았다. 즉시 개발업자 측에 항의했지만 오히려 담당자가 "상부 의견으로 이렇게 됐어요. 평효율로 평가할 테니까 한동안 상황을 좀 지켜봐 주세요"라며 간청했다. 할 수 없이 영업을 지속했지만, 그들은 진열과 연출 등으로 힘의 차이를 똑똑히 보여주었고 우리의 자신감은 곤두박질쳤다.

하지만 결과는 예상 밖이었다.

그 시기에는 잘 팔리는 양말 컬러가 극단적으로 편중되어 인기 컬러 제품이 빈번히 품절됐다. 재고가 있는 제품은 즉시 매장에 추가 진열했지만 그것도 곧 전부 팔려나갔다. 서둘러 상품을 보충하기 위해 공장 담당자와 염색 공장을 매일 방문해 인기 컬러를 추가 생산하기 위해 노력했고 어떻게든 겨우 생산해낼 수 있었다. 라이벌 매장은 판매제일주의라서 생산량을 컨트롤해야 한다는 데까지는 생각이 미치지 못한 모양이었다. 그들이 판매에 목숨을 거는 동안 우리는 인기 컬러 제품을 얼마나 추가 생산할 수 있는가에 힘을 쏟았다. 비록 매장 규모는 작았지만 인기 상품을 적극적으로 보충했더니 매장은 점점 번창했다. 반면 그렇게 하지 못한 경쟁 매장은 일 년도 채우지 못하고 철수했다.

"팔리는 물건을 팔리는 만큼 만들면 된다." 그때 내 머릿속에서 이마이의 말이 울려 퍼졌다.

이때의 경험으로 장사에는 인기 상품을 즉시 보충할 수 있는 생산 시스템이 중요하다는 것을 깨달았고, 생산 시스템 구축에 힘을 쏟았다. 가게 하나를 운영하는 거라면 모르겠지만, 당시는 전문 매장을 공격적으로 출점하는 시대였기 때문에 더욱 그렇다.

눈에 보이는 표면적 현상이 아니라 근본적 문제를 파악해 생산 판매 관리 시스템을 개선했는가에 따라서 승패가 나뉘었다. 그 후로 우리는 개발업자의 신뢰를 얻게 됐고 출점 거래도 더 많이 하게 됐다.

문제 해결 방법은 근본적인 해결책이 무엇인가를 찾는 것이다. 문제가 여러 개일 경우에는 급한 것부터 순서를 정하고 당장 할 수 있는 것부터 시작해야 한다. 문제가 많다는 사람 중에는 문제를 해결한 사람이 없다. 반대로 문제가 만 가지가 넘어도 매사에 문제는 하나로 압축하는 사람은 문제를 해결한다. 우리는 쇼토쿠 태자聖德太子가 아니다. 동시 다발적으로 생각할 필요가 있을 때도 있지만, 생각하는 것은 언제나 하나이다.

매사에 목표를 정했으면 목표에 도달하기까지의 과정을 단순화하는 것이 중요하다. 핵심이 무엇인지를 명확히 하고 불필요한 요소는 과감하게 쳐내면 된다. 이것저것 복잡하게 생각하면 이룰 것도 이루지 못한다.

예측해봐야 맞지 않으므로
예측하지 하지 않아도 되는 방법을 찾다

제품이 얼마나 팔릴지는 아무도 예측할 수 없다. 그렇다면 식당처럼 고객의 주문을 받고부터 상품을 만드는 것이 제일 확실하지 않을까. 매장 옆에 공장을 세우고, 매장과 공장을 직접 연결하는 것이다. 이 아이디어가 열쇠가 됐다. 하지만 모든 매장 옆에 공장을 세울수는 없다. 따라서 인기 상품을 신속하게 파악해 생산 체제에 전달할수 있는 구조가 필요했다. 그래서 최종적으로 구축한 것이 현재 우리회사의 생산 판매 관리 시스템이다.

일반적으로 인기 상품은 잘 팔리므로 매장에서 금방 사라지는 것이 보통이다. 하지만 우리 매장에서는 특정 제품이 잘 팔리면 해당 정보를 즉시 공장으로 전달해 제품을 보충하기 때문에 품절 사태가 발생하지 않는다.

당연히 모방하려는 회사가 많았다. 의류 대기업은 우리 시스템에 경리 시스템까지 추가하고자 했지만 성공하지 못했다. 컴퓨터에 과도하게 의지하기 때문이다. 생각의 원점은 늘 고객이어야 한다. 나아가 우리 회사는 일본 양말 업계를 지키겠다는 사명감으로 지금까지 회사를 운영해 왔다. 이리이리 하면 우리 회사가 이익을 볼 수 있다는 자기중심적인 사고방식으로 생각하면 이것저것이 다 욕심나서 사안이 복잡해진다.

•
•
•

운이 좋은 사람이란
좋은 일을 계속 생각하는 사람이다

'일심으로 바라면 바위도 뚫린다.', '염원하면 꽃은 핀다.'고 하는 말이 있듯, 지속적으로 생각하는 것에는 말로 설명할 수 없는 불가사의한 힘이 있다. 이를 운이라고 부른다. 자나 깨나 좋은 일을 계속 생각하길 바란다. 좋은 일을 계속 생각하는 사람은 '운이 좋은 사람', 나쁜 일을 계속 생각하는 사람은 '운이 나쁜 사람'이다.

뜻은 하루아침에 이루어지지 않는다. 지금 당장 할 수 있는 것부터 시작해야 한다. 도쿄에 가겠다고 결심하면 수단은 비행기, 신칸센 등 차례로 떠오르기 마련이다. 여비가 없으면 걸어서라도 가면 된다.

걷기 힘들다고 생각하는 사람에게는 뜻을 달성할만한 힘이 보나마나 없다. 걸어가면 예상치 못했던 새로운 발견을 하게 된다. 행운은 목표를 달성하겠다는 의지가 있는 사람에게 몰려든다. 신념으로 승화된 뜻은 미처 다 헤아릴 수 없는 수많은 행운에 의해 달성된다.

양말뿐 아니라 의류 업계는 계절별 인기 상품에 따라 매출이 좌우

된다. 잘 팔리는 제품을 팔리는 만큼 생산하겠다는 원리원칙을 충실하게 실현하는 타비오의 생산 판매 관리 시스템은 당시 업계의 상식으로는 생각할 수 없는 획기적인 것이었다. 나는 죽을힘을 다해 생각했고, 모두를 설득했고, 약 20년에 걸쳐 시스템을 구축하고 활로를 개척했다. 모든 것은 이마이가 해 주었던 한 마디 덕분이었다.

19
열아홉

무엇을 보고 듣든
비즈니스와 연관시킨다

이것이 프로 초급의 등용문이다

．
．
．

창업 초기에는 자금이 없어 거래해 주겠다는 공장을 찾기도 힘들었다.

하지만 공장과 소매점이 함께 윈윈 할 수 있는 양말 제조 방법을 견습 시절에 확실하게 배웠던 덕분에, 몇 년 후에는 오사카를 중심으로 사업을 조금씩 확대해 나갈 수 있었다.

당시에는 거래처 매장을 돌며 재고를 확인하고 팔린 양만큼 추가하는 영업 방식을 취했었다. 인기 상품을 바로바로 보충했기 때문에 제품이 잘 팔렸다. 입고하는 족족 제품이 팔려나가는 여성복 매장에 인기 상품 판매 상황을 공유해달라고 했고, 판매량을 더욱 늘려나갈 수 있었다.

．
．
．

고치 현 매장을 어떻게 관리할 것인가

그러던 어느 날 고치 현高知県에서 여성복 전문점을 경영하는 도쿠히로 에이치德弘英一라는 인물이 거래하고 싶다며 찾아왔다. 당시 사무소가 겨우 2평, 그리고 사무소 뒤에 13평짜리 창고가 있을 뿐인 자그

마한 우리 회사에 몸소 발걸음을 해 준 것이었다. "오치 씨, 당신네 양말이 그렇게 잘 팔린다며? 우리한테도 납품해줘"라고 했다.

여전히 자금 부족으로 고생하던 시기였기 때문에 한 푼이라도 더 벌고 싶었지만, 나는 제안을 거절했다. 왜냐하면 고치까지 갈 전철비가 없었기 때문이었다.

당시에는 영업담당자가 "우메다梅田에 다녀오겠습니다"라고 하면 "우메다까지 왕복 지하철비가 얼마지?"라고 물은 다음에 정확하게 딱 해당 금액만 주었던 시절이었다.

그때는 일주일에 두 번 정도 매장을 방문해 인기 상품과 재고 상황을 부지런하게 체크했었다. 양말은 모든 컬러가 균등하게 팔리지 않는다. 어떤 색깔은 잘 팔리고, 어떤 색깔은 남는다. 그러므로 인기 상품을 추가하지 않으면 안 팔린 것만 남게 된다.

도쿠히로 씨는 "매달 현금으로 사러 올 테니까 거래합시다!"라고 까지 제안해 주었지만 나는 받아들이지 않았다. "현금을 아무리 많이 줘도 싫어요. 내가 죽기 살기로 만든 양말이 안 팔리고 매장에 남아 있을 걸 상상하는 것만으로도 소름이 끼친단 말이에요. 양말이 불쌍하잖아요"라고 대답하자, 도쿠히로 씨는 "현금으로 사겠다는데 안 팔 겠다는 사람은 자네가 처음이야!"라며 반쯤 놀라고 반쯤 황당해했다.

돌아가는 길에 도쿠히로 씨는 택시에 올라타면서 "거래할 방법을 생각해봐 줘. 우린 같은 시코쿠四国 출신이잖아! 자네가 원하는 방법으로 납품해 주면 되니까"라고 했다.

그때 문을 닫으며 나는 무심결에 "알겠어요"라고 대답해 버렸다.

난 오랜 도제 견습 생활을 통해 "약속했으면 죽는 한이 있어도 지켜라"라는 말이 뼈에 새겨졌다. 이렇게 된 이상 무슨 일이 있어도 방법을 찾아야 한다.

누군가 머리 좋은 사람이 생각해놓은 좋은 방법이 없을까 하고 필사적으로 방법론 관련 실용서를 닥치는 대로 읽었다. 하지만 없었다. 실로 난감한 약속을 하고 말았다는 생각이 들었다.

●
●
●

빵을 발주하는 모습을 보고 아이디어를 떠올리다

고치 현까지 가지 않고 재고 상황을 파악할 방법이 없을까. 어느 날 담배를 사러 근처 가게에 갔는데, 안쪽에서 아주머니가 손에 든 어떤 표를 보면서 "××가 2, ○○가 4, △△가 3······"이라며 전화에 대고 숫자를 말하고 있었다. 나는 마치 전기 충격을 받은 것처럼 찌리릿 했고 머릿속이 환해졌다. 담배 따위를 사고 있을 때가 아니었다. 전화 통화가 끝나자마자 가게 안으로 뛰어들어 "아주머니! 그것 좀 보여줘요!"라고 부탁했다. 즉시 표를 들여다보자, 제일 왼쪽에는 팥빵, 멜론빵 등의 품번이 적혀 있었고, 그 옆에는 주문 일자와 필요 개수가 적혀 있었다. 그날 팔린 상품별 개수를 전화로 보고하면 팔린 개수만큼 공장에서 배송해주는 시스템이었다.

여기서 힌트를 얻어 매장에 남아 있는 상품 개수를 품번별로 일주일에 한 번 전화로 보고받는 '유닛 컨트롤 시스템'을 생각해냈다. 매주 판매 현황을 전화로 보고받으면 멀리 떨어져 있어도 매장 재고를 파악할 수 있어 꼼꼼하게 관리할 수 있다. 전화로 팔린 제품 개수를 연락하는 빵집의 방식을 역으로 이용해, 재고를 보고받기로 한 것이었다. 당연한 사실 같지만, 당시에는 어디에서도 이런 방법을 쓰고 있지 않았다.

도쿠히로 씨와 약속한 지 이미 반년이 지난 상황이었다. 빵 주문하는 것을 보고 힌트를 얻어 착안한 방법 설명서와 함께 상품을 배송했다. 도쿠히로 씨는 "상품이 도착했는데, 이게 뭔가?"라고 물었다. "뭐냐뇨? 거래할 방법을 생각해달라고 하셨잖아요?"라고 대답했더니, "자네, 그때부터 지금까지 줄곧 우리 생각을 해주었던 겐가?"라며 전화를 붙들고 울었다.

"우리 매장 다섯 곳에서 전부 판매하겠어! 또 친구도 소개해줄게!"라고 했고, 정말로 주선해 주었다. 이를 계기로 멀리 떨어진 지역과의 거래가 한 방에 늘어났고, 매출도 급속도로 증가했다.

서적 매출 카드에서 힌트를 얻다

유닛 컨트롤 시스템으로 매출이 증가한 덕분에 각 매장을 방문할 출장비를 마련할 수 있었다. 당시 우리 제품 취급점은 약 170점으로까지 늘어난 상태였다. 이 시기에는 영업담당자가 한 달에 한 번 재고 조사를 하러 다녔다.

그 날 나는 재고 조사를 하기 위해 산아이 가나자와점金沢店으로 향했다. 그랬더니 점장이 "오치 씨, 할 말이 좀 있어"라고 하는 것이었다. 내가 "20분만 기다려줘. 재고 조사, 금방 끝낼 테니까"라고 대답했더니, "재고 조사는 우리 여직원한테 시킬게"라고 하기에 "그래요?"라며 점장과 찻집으로 갔다. 두 시간가량 이야기를 나누고 매장으로 돌아왔는데 여직원이 아직도 재고 조사를 하고 있었다.

나는 깜짝 놀라서 "오늘 바쁘셨어요?"라고 물었다. "아니요"란다. 나는 다시 머릿속이 혼란스러워졌다. "도중에 뭐 다른 일을 하셨어요?"라고 물었는데 역시나 "아니요"란다. 마침내 나는 제일 묻기 두려웠던 질문을 했다. "평소에도 시간이 이렇게 오래 걸리나요?"라고 묻자 "네"라는 대답이 돌아왔다.

나는 망치로 머리를 얻어맞은 듯한 충격을 받았다. 문제가 심각했다. 모두 칭찬해 줄 거라며 우쭐해 있었다. 근데 단골 거래처에 이렇게 큰 부담을 끼친다면 이 시스템은 결코 오래 갈 리 없다.

그래서 나는 재고 조사를 하지 않아도 되는 방법이 없을까 하고 생각하기 시작했다. 그 후로 틈만 나면 책을 읽었다. 하지만 재고 조사하지 않고도 전국에 있는 거래처의 재고를 알 방법은 어디에도 쓰여 있지 않았다.

책을 읽어서 안 된다면 이번에는 근본적으로 재검토를 해야겠다는 생각이 들었다. 근처 서점에 가서 오기로 대여섯 권의 책을 샀다. 그랬더니 서점 주인이 책에 꽂혀있던 이등분으로 접혀 있는 카드를 빼는 것이었다. "아저씨, 뭐하는 거예요? 내가 살 책인데 왜 그걸 뽑아요?"라고 항의했더니, "이건 원래 서점에서 보관하는 거예요. 상품의 일부가 아니에요"라고 대답했다. 그 말을 듣고 카드 시스템을 떠올렸다. "이제 답을 찾았으니까 필요 없어요!"라며 책을 반품하고 싶었을 정도였다. 약 50미터 거리를 책을 들고 집까지 뛰어갔다.

이는 서적 매출 카드(슬립)이다. 서적 데이터가 기재되어 있는 카드로, 판매할 때 계산대에서 뽑는다. 이 카드를 이용해 매출 관리와 상품 보충 주문을 하는 것이다.

책과 마찬가지로 양말 고무 부분에 품번과 컬러 번호를 기재한 관리 카드를 붙이고 판매할 때 찢어 일주일에 한 번 우리에게 발송해 달라고 했다. 그러면 회수된 카드 집계를 통해 어떤 제품이 몇 개 팔렸는지를 바로 알 수 있다.

이 방법은 상당한 화제를 모았고, 당시 업계지에 '궁극의 잡화류 관리법'이라는 특집 기사로도 실렸다. 기사가 나가고 매일 같이 일본 전국의 전문점에서 신규 거래 신청이 밀려들어 왔다.

◦
◦
◦

다시금 벽에 부딪힌 재고조사

하지만 이 방법도 곧 막다른 길에 부딪혔다. 어느 매장은 월요일, 어느 매장은 화요일 하는 식으로 카드 발송일을 할당했음에도 카드가 산더미처럼 쏟아져 들어왔다. 우리 사원은 아침부터 밤까지 카드 정리에 쫓기느라 다른 일은 아무것도 할 수가 없었다. 당시 홋카이도北海道에서부터 오키나와沖繩까지, 즉 일본 전국 거래처가 1,400곳 가량 됐었기 때문이다. 임시방편으로 카드 정리 담당 파트타임 직원을 4명 정도 채용해 버티어 보았다.

우연히 평소보다 조금 집에 일찍 귀가했던 어느 날 밤, 별생각 없이 가요 프로그램을 보고 있었다. 그런데 사회자가 "이번 주 3위를 지금부터 컴퓨터에게 물어보겠습니다."라며 만년필 비슷한 것으로 컴퓨터 화면을 톡하고 눌렀다. 나는 놀라 자빠졌다. 화면을 건드린 것만으로 노래 제목과 가수 이름이 나왔다. 이번 주 득표수를 눌렀더니 수치가 나왔다. 컴퓨터는 신묘한 물건이구나. 컴퓨터를 우리 회사에서 쓰면 'A매장은 매출이 몇 만엔, 인기 상품은 어떤 상품이고, 총 몇 컬레가 팔렸다……'라는 결과가 쉽게 확인할 수 있을 것임에 틀림

없었다.

다음 날 아침에 나는 사원에게 이렇게 말했다. "어제 저녁때 엄청난 걸 발견했어. 이제부터 우리 회사에서는 컴퓨터를 쓸 거야. 이제 매장이 몇 개가 되든 상관없어. 지금은 너희한테 고생을 시키고 있지만, 이제 안심해!"라고 선언했다.

.
.
.

컴퓨터는 어디서 살 수 있지?

그런데 컴퓨터를 어디서 파는지조차 알지 못했다. 사원도 아무도 몰랐다. 여기저기 수소문했더니 지인이 오사카 시내에서 컴퓨터 쇼를 한다고 가르쳐 주었고, 나는 이야기를 듣고 황급히 그곳으로 달려갔다.

IBM과 NEC 등의 담당자에게 "당신네 컴퓨터로 재고를 알 수 있나요?"라고 물었더니 "알 수 있습니다"라고 했다. "설명 좀 해주시겠어요?"라고 물었더니 팸플릿을 건넸다. 봐도 무슨 말인지 통 알 수가 없었다. 모든 부스를 다 돌았지만, 하나같이 "팸플릿을 갖고 가세요"라고 할 뿐 아무도 설명해 주지 않았다. 진심으로 구매할 작정으로 왔건만 왜 이렇게 홀대하는 걸까.

중간에 화장실에 가서 거울을 보고 깨달았다. 나는 러닝셔츠 차림에 목에 수건을 두르고 있었다. 이런 차림을 하고 있는 사람은 나뿐이었다. 다른 내방객은 모두 정장을 입고 있었다. '창피하다'는 생각이 들었다. 화장실 앞에 위치한 작은 도시바Toshiba 부스에 가서 "형씨, 여기 컴퓨터는 재고 파악이 가능한가?"라고 물었더니 "가능합니다"라고 했다. "난 이런 사람인데, 적당히 골라서 내일 우리 회사로 컴퓨터를 가져다줘"라고 했다. 뭐 여러 가지를 집요하게 물었지만 "됐고, 자네한테 맡길게"라는 말을 남긴 채 돌아왔다.

다음 날 젊은이가 약속대로 회사로 왔다. 그런데 컴퓨터를 들고 오지 않았다. 나는 이 시점에서 짜증이 확 났다. 하물며 내게 "상품 종류는 몇 종류나 되죠?", "거래처는 몇 군데나 되나요?"라고 물었다. "그건 기업 기밀 중의 기밀 아닌가?! 내가 그걸 자네한테 왜 말해야 하지? 그것보다 컴퓨터는 왜 안 가지고 왔나?"라며 분노를 터트렸다.

그는 "그럼 기종 선택을 할 수가 없습니다. 또 소프트도 필요하고요"라고 지껄였다. "내가 본 건 텔레비전 같은 거야. 그딴 건 필요 없어"라고 딱 잘라 거절하자, "소프트가 없으면 작동하지 않아요"라고 말했다. 나는 "도시바가 뒤처진 거 아냐? 날 바보 취급하면 안 되지. 컴퓨터는 전기로 움직이는 거잖아!"라고 되받아쳤다.

그래도 "어디 컴퓨터든 소프트가 없으면 움직이지 않습니다"라며 했던 소리를 또 하기에 "소프트가 꼭 필요하다면 난 너한테서 안 사. 유키지루시雪印나 메이지明治 걸로 사겠어!"라며 소리를 질렀다(유키지루시와 메이지는 일본의 대표적인 식품 제조 회사이다—역자 주). 그랬더니 젊은이는 벌떡 일어나서 가 버렸다. 기다리라고 했는데도 가 버렸다.

어떻게 해야 하나 고민했는데, 다음날 중년 남성이 찾아왔다. 역시나 컴퓨터는 들고 오지 않았다. 그리고 "사장님, 유키지루시나 메이지에서 소프트를 구매할 생각이시라는 말씀을 전해 들었습니다만, 그쪽에 아시는 분이 계신가요?"라고 물었다. "그런 건 걱정할 필요 없어. 근처 하야시 아줌마네서 사면 돼. 그 아줌마한테 물어보면 직방이야"라고 자신만만하게 대답했다. 그러자 중년 남성은 '역시나······.'라는 얼굴로 "소프트라는 건 소프트아이스크림이 아닙니다."라고 말했다. 실화이다.

나는 소프트아이스크림 말고 다른 소프트가 또 있는 줄 몰랐다. "그럼 대체 뭔가요?"라고 묻자 중년 남성은 영어로 설명하기 시작했다. "저기! 아저씨? 내가 (당시 우리 회사가 있던 오사카시) 히라노 구平野区에선 알랭 들롱Alain Delon이라고 불리지만, 사실 일본인이에요. 일본어로 설명해 줘요."라고 부탁했다. 중년 남성은 무척 당황하며 도시바 사원임에도 불구하고 일본어를 못하는 듯 "당사 상무가 상세하게 잘 압니다. 저희 회사를 방문해 주시면 안 될까요?"라고 했다.

그로부터 일주일 후에 도시바를 방문했다. 풍채 좋은 상무가 나타났다. 칠판에 먼저 '입력'이라고 썼다. 그리고 뭔가 일본어로 다섯 가지 정도를 더 썼고, 상무는 그대로 칠판에 찰싹 달라붙은 채 꿈쩍도 하지 않았다. 난 참지 못하고 "상무님, 힘내요!"라고 격려했다. 하지만 "상무님, 침착하게 생각해 보세요"라고 말하면 할수록 땀을 더 뻘뻘 흘렸다. 결국 "애써 와 주셨는데, 공부가 부족하여 금일은 더 설명하기 어렵겠습니다. 리포트로 제출할 수 있도록 허락해 주십시오"라고 했다. 나는 "상무님, 그럼 열심히 공부해 주세요"라고 하고 그 날은 돌아왔다.

●
●
●

힌트는 우리 주변에 얼마든지 있다

뭐 이러저러한 끝에 컴퓨터를 도입했다. 평생 못 잊겠지만, 도시바에서 시스템 담당자로 이마이라는 사람이 왔다. "필요한 데이터가 있으면 뭐든지 봐도 돼. 근데 이마이, 나한테 물어보지는 마. 직접 찾아. 내가 하고 싶은 건 이런 거야. 나머지는 네가 생각해 줘"라고 지시했는데 그런데도 내게 자꾸 질문하기에 "이마이, 회사 앞에 전봇대가 있지? 거기 가서 물어보고 와"라고 했다. 이마이는 "그 전봇대에 뭐가 있나요?"라고 되물었고 "전봇대는 전기랑 관련이 있으니까 나보다 더 잘 알 거야"라고 대답했다. 그 후로 일 년 남짓이 걸렸고, 덕분에 매장과 공장과 본사를 연결하는 네트워크 시스템이 완성됐다.

언젠가 당시의 통상산업성 과장이 취재하러 와서 "어떻게 착안하게 되셨나요?"라고 묻기에 "목욕하다 떠올랐어요."라고 했더니, "좀 더 구체적으로 설명해 주시겠습니까?"라며 물고 늘어졌다. "꽤 오래 전 일이라 정확하게 기억나진 않지만, 바가지로 물을 퍼서 몸에 세 번 정도 뿌렸죠. 그리고 탕에 들어가서 여기까지 몸을 담그고 있었어요"라고 대답했더니 더는 질문하지 않았다.

꽃을 보든, 영화를 보든, 산책을 하든, 내 인생과 직업과 결부할 수 있는 힌트를 얻을 수 있다. 문제를 해결하려는 마음을 늘 갖고 있으면 저절로 보이기 마련이다. 타비오가 비약적으로 발전하는 계기가 됐던 판매 시스템은 담배를 사러 갔다가 발견했다. 카드 시스템은 서점에서 발견했다. 시스템화는 텔레비전 가요 프로그램에서 힌트를 얻었다. 진지한 자세로 살면 사업의 힌트는 우리 주변에서 얼마든지 얻을 수 있다.

20 스물

배트를 연구한들
홈런은 칠 수 없다

•

　　•

　　　•

　벌써 오래전 이야기이다. 어느 이벤트에 강사로 초청되어 갔는데 제목이 'SCM에 대해서'라고 쓰여 있었다. 나는 당황했다. 그래서 주최자에게 물었다. "저기에 제 이름이 쓰여 있는데 저건 제가 이야기할 테마가 아닌데요? 오늘은 양말 이야기를 해달라고 해서 온 거예요. '~에 대해서'는 알겠는데, 그 앞에 있는 영어는 무슨 뜻인지 모르겠네요".

　그러자 주최자는 "저건 서플라이 체인 매니지먼트Supply Chain Management에요"라고 대답했다. "서플라이 체인 매니지먼트가 뭐죠?"라고 묻자 "단(구 사명)에서 하고 계신 생산 판매 관리 시스템을 말하는 거예요"라는 것이었다.

　나는 격하게 분노했다.

　"당신들! 남이 고안한 시스템에 멋대로 이름을 붙이다니, 이 무슨 무례한 짓인가! 생각을 해 봐. 당신이 아이를 낳아 기뻐하는 차에, 옆집 아저씨가 뛰어들어와서는 아이에게 멋대로 이름을 붙인다면 기분이 어떻겠나? 서플라이 체인 매니지먼트 좋아하네. 굳이 이름을 붙이자면 우리 시스템은 '사무라이 체인 매니지먼트'야!"

배트를 연구하는 어리석은 자

　그때 어째서 '사무라이'라고 했었는가. 그것은 우리가 구축한 시스템이 다음과 같은 시스템이기 때문이다.

　양말 업계에서는 일반적으로 봄에 가을·겨울 제품 생산을 공장에 발주하고, 가을에는 이듬해 판매할 봄·여름 제품을 발주한다. 반대 시즌에 기획 발주하므로 판매 개수를 예측한들 들어맞지 않는다. 업계 동향과 소비자 트렌드를 비롯한 정보를 제아무리 긁어모아도 멋지게 생산 개수와 판매 개수가 불일치한다.

　옛날에는 나도 똑같이 했었다. 하지만 팔고 남은 양말을 정가의 반값으로 판매하면 이익이 날아가 버린다. 무엇보다 내가 심혈을 기울여 만든 양말을 헐값에 팔아야 하는 상황에 괴로웠다.

　팔리는 만큼 만든다. 그런 구조를 만들 순 없을까.

　그런 생각으로 생산 관리 공부 모임에도 참가하고, 책도 읽고, 실천하려고 노력했다. 그런데 25살에 읽었던 어느 책에 노동 집약형 산업, 자본 집약형 산업, 지식 집약형 산업 등 산업 분류에 관한 해설이 실려 있었다.

　양말은 당연히 노동 집약형 산업일 것으로 생각했었는데, 항공기 산업, 컴퓨터 산업과 함께 지식 집약형 사업을 대표하는 3대 산업 중

하나로 패션 산업을 꼽고 있었다. 나아가 하드웨어(상품)와 소프트웨어(판매)의 두 바퀴가 일체화되지 않으면 의미가 없는 산업이라고 쓰여 있었다.

생각해 보면 제아무리 뛰어난 항공기를 만들더라도 파일럿이 조종하지 않으면 의미가 없다. 컴퓨터도 마찬가지라는 것은 이해할 수 있었지만, 그렇다면 패션 산업의 한 영역을 짊어지고 있으면서도 산업 분류의 원리원칙조차 실행하지 못하고 있는 양말 업계는 대체 어떻게 해야 하는 걸까. 그때부터 줄곧 이 화두를 품고 있었다.

35살 정도가 됐을 때 지금의 NTT가 주최한 뉴 미디어 설명회에 참가했고, 지식 집약형 산업의 원리원칙을 실현할 수 있을지 모른다는 생각에 꿈이 한없이 부풀어 올랐다. POS기를 도입하고, 올라온 모든 품번 데이터를 색상별로 재정리한 다음에, 해당 정보를 담당 공장에 직접 보내 판매와 생산을 동시에 진행시키면, 하드웨어와 소프트웨어를 일체화할 수 있을 거라고 생각했다. 요컨대 매장에서 모은 정보를 활용해 고객이 원하는 제품을 재빨리 만들어 제공하는 것, 이를 철저하게 실행하면 고객과 판매자와 제조자가 모두 만족하는 결과를 얻을 수 있다는 것이다.

하드웨어와 소프트웨어가 일체가 되어 작동하지 않는 방식으로는 장사를 꾸려나갈 수 없다. 어제 어떤 색상의 양말이 몇 장 팔렸다는 정보가 공장으로 순식간에 전달되면 공장은 판매 상황에 따라 생산 방침을 자유자재로 바꿔나갈 수 있다. 이것이 바로 지식 집약형 산업의 방식이다.

시행착오 끝에 도입한 것이 현재의 생산 판매 관리 시스템이다. 각 매장과 양말을 생산하는 각 협력공장, 타비오 본사와 물류 센터, 이 네 곳을 컴퓨터 네트워크로 연결하여 매장 판매 현황과 물류 센터 재고 상황을 항시 공유하는 시스템이다.

현재 우리는 협력공장 47사와 거래 중이다. 그중에 협력공장 10사는 자주적으로 자사 생산 계획을 세운다. POS 시스템 정보를 직접 확인하고, 부족할 것 같으면 자주적으로 필요한 분량만큼 생산해 물류 센터에 납품한다. 현재, 매장에서 팔려나간 상품을 공장에서 다시 생산해 선반을 보충되기까지, 빠르면 하루 이틀밖에는 걸리지 않는다. 필요한 제품을 즉시 제조해 매장에 진열하면 판매 기회를 놓칠 일도 없고 재고를 만들 일도 없다. 생산 수량과 판매 수량의 차이가 매우 작다.

우리가 개발한 정보 시스템이 높은 평가를 받아서 일시적으로 IT 기업으로 불렸을 정도이다. 당시에 대기업과 중견기업 경영자, 대기업 전자 메이커 시스템 개발담당자 등 많은 사람이 견학과 취재를 하러 왔었다. 해외 대학에서도 많이 방문했다.

그때마다 나는 이렇게 말했다.

"아무리 훌륭해도 시스템은 정보를 전달하는 도구에 지나지 않아요. 중요한 것은 배경에 있는 사고방식과 사상思想입니다. 사용자가 목적을 이해하고 다루지 않는 한 시스템은 제대로 기능하지 않아요. 프로 야구 선수를 목표로 하는 사람 중에 나가시마 시게오長嶋茂雄가 홈런을 날렸을 때 썼던 배트를 연구하는 바보가 있을까요? 그런 짓을 해선 안 돼요."

하지만 아무리 이렇게 설명해도 이해하는 사람은 적었다. 질문 내용은 본질에서 동떨어진 시스템에 관한 것뿐이었다.

●
●
●

2년간 설득하다

우리 시스템이 그림의 떡으로 끝나지 않을 수 있었던 것은 '꼭 품질 좋은 양말을 만들겠다'는 같은 뜻을 지닌 사무라이들, 즉 공장의 협력이 있었기 때문이다.

사무라이 체인을 구축하기 위해 협력공장에 단말기와 소프트를 구입해달라고 요청했다. 신형 편물 기계 10대를 살 수 있는 금액이었다. 팔린 수량만큼 즉시 제조하는 시스템을 구축하기 위해서는 아무래도 그만한 투자가 필요했다.

공장은 생산 설비에는 돈을 투자하지만, 부대 물품에는 돈을 투자하고 싶어 하지 않았다. "그런 거에 투자하느니, 여태까지처럼 주문받는 게 이득이지"라며 강경하게 반대했다.

게다가 공장마다 제각각이던 공정 관리를 비롯하여 거래 중인 방적 공장, 실 가게, 염색 공장, 설비 회사에 이르는 세밀한 부분까지 통일하지 않으면 안 됐다. 이를 위해 매일 밤마다 모여 치밀한 논의를 했다. 공장 시스템을 구축하면서 가장 어려웠던 것이 이 부분에 대한 설명과 설득이었다.

양말을 판매해 주는 프랜차이즈 가맹점도 마찬가지였다. 고가의 POS기를 새롭게 도입할 필요가 있었고, 무엇보다 경영 상황을 그대로 드러내 보여야 한다는 점 때문에 꺼려했다.

그래도 난 포기하지 않았다. 동지적 결합 없이 FC는 완성되지 않는다. 그때까지 발생하던 품절 사태가 사라지면 그 정도 경비는 충분히 떨어지고, 무엇보다 그룹 매출을 최대화할 수 있다고 강조하며 반복적으로 설명회를 개최했다.

지금 이 시스템을 도입하지 않으면 앞으로 우리는 살아남을 수 없다고 호소하며 지속적으로 요청했다. 끈기 있게 설득했고 2년 남짓이 흐르자 "그렇게까지 말한다면……"이라며 협조적인 태도를 보이는 사람이 하나둘 나오기 시작했다.

어째서 많은 분들이 협력해 주었던 것일까. 그것은 밑바탕에 신뢰 관계가 있었기 때문이라고 생각한다. 이와 같은 시스템을 구축하기 위해서는 반드시 협력공장과 뜻을 하나로 모아야 한다. 공장에서 일하는 사람이 매장과 함께 호흡하는 생산 집단이 되어 주지 않는다면 매장 정보는 아무런 의미가 없다. 그리고 그러한 집단을 만드는 것이 시스템을 만드는 것보다 몇 배나 어렵다.

21 스물하나

동료의 이익을 우선하라

가격을 깎았던 적이 없다

장사에서 중요한 것은 나보다 상대의 이익을 우선하는 것이다. 나는 창업한 이래로 구매할 때 가격을 깎았던 적이 한 번도 없다. 창업하고 십수 년 동안은 매출 규모가 작아서 늘 자금이 부족했다. 온갖 곳에서 돈을 빌려 하루하루를 겨우 넘기는 나날이 계속됐지만, 결코 구매 가격을 깎지 않았고, 지불 기일도 엄수했다.

품질 좋은 상품을 만들기 위해서는 공장과 신뢰 관계를 구축하는 것이 중요하기 때문이었다. 덕분에 창업하고 대략 5~6년이 흐르자 "단(구 사명)은 기술력이 있으면 그만큼 인정해 주고, 코스트 면에서도 공장을 소중히 대해준대"라는 평판이 퍼져서 거래하고 싶다는 기술력 있는 공장이 늘어났다.

내가 생산 판매 관리 시스템을 구축할 수 있었던 것은 전적으로 삼자정립 비즈니스를 일관되게 추구해왔기 때문이다.

안 팔리고 남은 물건, 즉 불량 재고를 어떻게 하면 없앨 수 있을까. 이것이 시스템의 밑바탕에 깔린 생각이다. 안 팔리고 남은 물건은 고객에게 가치가 없고, 소매점과 도매점 그리고 공장 경영자를 압박한다. 그러므로 공장과 도매점과 소매점의 각 모든 단계에서 낭비를 최대한 제거하는 것이 효율적인 경영이고, 나아가서는 고객에게 최적의 상품을 최적의 가격으로 제공하는 결과로 이어진다.

소매점이 힘이 센 자신의 입장을 이용해 도매점과 메이커에 무리한 요구를 강요하는 경우가 종종 있는데, 그런 식으로 장사해서는 오래가지 못한다. 공장과 도매점과 소매점이 기업이라는 틀을 넘어 서로 협력할 때 강력한 경쟁력을 발휘할 수 있다.

●

●

●

일의 뒤처리를 제대로 하지 않는 사람은 신용이 없다

내가 견습생으로 있었던 킹 양말과 같은 중견 도매점은 자사에서 기획한 상품을 공장에 생산 의뢰한 후에 소매점에 도매하는 방식으로 장사했다. 하지만 자신이 기획한 상품이 매번 다 팔린다는 보장이 없었다. 팔림새가 좋지 못하면 겨울 시즌이 끝난 다음에 장부를 마감하고 보면 기획 상품이 적자인 경우가 있다. 그러면 무섭게 야단을 맞는다.

내가 한 번은 어떻게든 채산을 맞추려고, 염색 의뢰를 했던 공장에 남은 실을 떠넘기려고 했던 적이 있다. 그런데 이 사실을 점장이 알고 노발대발했다.

"너 같은 놈을 오사카에서는 교활하고 타산적인 놈이라고 해. 아무도 신용해 주지 않게 된다고! 우리 가게를 말아먹을 셈이야?"

실이 남았을 때는 공장에도 킹양말에도 부담을 끼치지 않으면서, 동시에 고객도 기쁘게 구매하게끔 위해서는 어떻게 해야 하는가. 그것을 생각하는 사람이 상인이라고 했다.

남은 실의 뒤처리를 어떻게 할 것인가. 시작과 끝의 매듭을 확실하게 지으라고 침을 튀겨 가며 강조했다. 뒷마무리가 나쁜 상인은 신용 받지 못한다. 그렇게 되지 않도록 늘 연구하고 아이디어를 짜는 사람이 진정한 상인이다. 이것이 점장의 가르침이었다.

매출과 이익의 숫자는 어디까지나 결과에 지나지 않는다. 눈앞의 손익에 눈이 멀어 자사의 이익만 우선한다면 단기적으로는 업적을 올릴 수 있겠지만 강한 기업은 될 수 없다. 거래처의 이익을 빼앗지 않고, 상대의 이익을 우선한다. 이것이 바로 장사의 원리원칙이다.

22 스물둘

운명 공동체가 아닌
이념 공동체

양말 전문점을 전국적으로 운영하고 있는 타비오는 위로는 공장에서부터 아래로는 판매점까지를 모두 포괄하는 독자적인 기업 집단을 구축해 왔다. 중요한 것은 '이념의 공유'이다.

기업이란 1사 혼자서 싸울 때보다 함께 집단을 이루어 싸울 때 훨씬 강력한 힘을 발휘하는 법이다. 사람, 물자, 돈 등 자원이 한정적인 중소기업은 더욱 그렇다. 타비오가 생산을 위탁하고 있는 공장에서부터 말단의 매장까지 모두 포괄하는 독자적인 생산 판매 관리 시스템을 구축한 것도 이런 생각에서였다.

하지만 시스템이 아무리 훌륭하더라도, 관련된 모든 사람이 같은 목적의식을 공유하고 목적을 달성하기 위해 정열을 쏟지 않으면 시스템은 결코 원만하게 기능하지 않는다. 당연한 사실이지만 이를 깨닫는 사람은 의외로 적다.

통상적으로 상류인 공장과 하류인 판매점, 즉 '판매자'와 '구매자'의 관계에 있는 기업 간에는 반드시 상반되는 이해가 발생한다. 그러므로 이해를 뛰어넘어 '무엇을 위해 장사 하는가' 하는 소위 이념을 공유하지 않는 한 집단으로서 결코 힘을 발휘할 수 없다.

사무라이 체인이라서 강하다

난 상품이란 그 회사의 사상이라고 생각한다. 타비오를 예로 들자면 양말이 타비오, 즉 오치 나오마사의 생각의 집약체이다. 바로 '최고의 양말을 최적의 가격으로 고객에게 제공한다'는 생각이다.

협력공장은 모두 40여년 전부터 양말에 대한 나의 집념에 공감해 모여 준 동료로, 여러 차례의 위기를 함께 극복해온 동지이다. 양말 전문점 '쿠츠시타야'의 프랜차이즈 가맹점 오너들도 타비오의 이념에 공감해서 가맹해 준 사람들이다. 내가 타비오의 시스템은 서플라이 체인 매니지먼트가 아니라 사무라이 체인이라고 늘 강조하는 것은 바로 이 때문이다.

이념과 뜻을 공유하더라도 실제로 집단으로서 강력한 힘을 발휘하는 것은 쉬운 일이 아니다. 리더인 경영자가 중심이 되어 서로의 유대를 얼마나 강화할 수 있는가가 중요하다.

1980년대에는 거래처 공장이 5곳쯤 됐을까. 모두 품질을 중시하는 공장이었으므로 틈만 나면 모여서 양말에 관해 공부하고 연구했다.

당시 전속공장이 있던 회사는 군제와 나이가이Naigai를 비롯한 대기업뿐이었지만, 이 거래처 공장들 모두가 우리 회사와의 거래를 최우선으로 해주었고 끝내는 전속공장이 되어 주었다.

전속공장이면 이미 이념 공동체이다. 이렇게 되면 공장도 내가 주창한 이념을 자신들의 과제로 생각한다. 상품 개발 및 생산을 위해 각자가 가진 지식과 지혜를 하나로 모으려고 한다. 당시에 우리 회사가 전문점을 중심으로 매출을 급성장시킬 수 있었던 것도 이러한 공장의 협력이 있었던 덕분이다.

견고한 집단을 만드는 데 있어 중요한 것은 리더가 정열적으로 이념을 계속 전파하는 것이다. 그 전에도 시간이 허락될 때마다 각 공장을 방문하며 품질과 생산 방법 등에 관해 엄격하게 요구했었는데, 이는 내 사고 방식을 공유하는 것이 중요하다고 생각했었기 때문이다.

이후로 나는 평일이냐 주말이냐를 불문하고 협력공장 사람을 자주 집으로 초대하여 양말 품질은 어떠해야 하고, 상품 개발은 어떻게 해야 하는가, 장사에 대한 내 견해 등을 밤늦게까지 이야기했다.

* * *

욕망에 사로잡히면 판단을 그르친다.

1980년대 말부터 내가 다른 무엇보다 강력하게 강조한 것은 "욕심에 눈이 멀면 올바른 판단을 할 수 없다."는 것이었다.

우리 회사는 그 무렵부터 매장 판매 정보가 협력공장에 전달되면 공장에서 판매된 분량만큼 생산하는 현재의 생산 판매 관리 시스템을 구축하기 시작했다.

우리 회사는 공장에 생산 발주를 하지 않는다. 공장이 매장의 판매 현황 정보를 확인하고, 자사가 담당하는 상품 중에 잘 팔리는 상품이 있으면 서둘러 추가 생산을 하고, 판매가 둔화되면 생산량을 줄이거나 중지한다. 모든 공장이 자체 판단 하에 서둘러 대처함으로써 상류에서 하류로 재고가 흘러드는 것을 방지하는 것이 이 시스템의 목적이었다.

하지만 공장은 어디라고 할 것 없이, 상품 생산이 늦어져서 기회 손실을 보는 것만큼은 피하고 싶다고 생각했고, 상품이 조금 잘 팔리는 듯하면 즉시 추가 생산을 했다. 하지만 기대만큼 팔리지 않으면 결국 모두 데드 스톡이 되고 만다. 즉 자사의 매출을 늘리고 싶은 기대, 이른바 사리사욕이 극단적인 낭비를 초래한 셈이었다.

우리가 재고량을 업계 평균의 10분의 1로까지 낮출 수 있게 된 것은, 몇 번이나 재고 산더미에 앉는 참담한 상황을 겪으면서 그때마다 욕심에 눈이 멀면 '최고의 양말을 최적의 가격으로 제공한다.'는 이상을 달성할 수 없다고 내가 반복적으로 강조하고 설득했기 때문이다.

아무리 컴퓨터 시스템이 훌륭해도 도구에 지나지 않는다. 시스템을 이용하는 사람이 목적을 분명하게 이해하고 사용하지 않는 한 결코 시스템은 제대로 기능하지 않는다.

23 스물셋

작은 차이가 쌓여
큰 차이가 된다

．
．
．

    나라 현 고료 초는 태평양 전쟁 이전부터 양말 마을이었다. 1900
년대에 지역의 한 농부가 미국에 가서 군용 양말 제조 기계를 사 온
것이 계기가 되어 근처 농가로 점점 양말 제조가 퍼져나갔다. 당시
이 지역의 양말 공장은 가내공업으로 '반농 반양말제조'를 했다.

    도제 견습 생활 초기에 나는 둔했고 이요伊予 지역 사투리도 고쳐
지지 않았기 때문에 "도저히 영업 쪽으론 못 써먹겠네."라며 여러 개
의 고분으로 둘러싸인 전원 지역을 자전거로 달리며 공장에 샘플을
가져가 두거나 주문을 전달하는 역할을 시켰다.

    최고 번성기 때는 1,000개가 넘는 양말 공장과 염색 공장 등의
관계 산업이 주변을 가득 메웠었다. 지금은 안타깝게도 옛날 같은 활
기는 사라지고 없다. 싸면 장땡이라는 세상 풍조에 휩쓸리고 무자비
한 가격 경쟁의 파도에 맞아 피폐해졌다. 양말 공장은 차례로 모습을
감추었다. 조합에 등록된 공장은 100개가 넘지만, 실제로 조업하는
공장은 100개가 채 되지 않는다.

    세계 최고봉으로 불렸던 일본 양말 산업이 이렇게까지 쇠퇴하게
된 원인 중 하나로 이런저런 업계 상식에 속박되어 거기서 탈피하지
못했던 것을 들 수 있다.

    반면 유통업계에서는 똑같은 리스크를 감당해야 한다면 1엔이라
도 싼 해외에서 생산하는 것이 당연한 이치가 됐다. 결과적으로 가

양말 외길60년 | 괴짜 경영자의 경영철학

치보다 가격을 좇는 풍조가 주류가 됐고, 일본의 편물 기계 메이커와 생산 부대기기 메이커는 거의 전멸하기에 이르렀다. 생산 현장의 기계 설비는 이제 와서는 독특한 상품을 만드는 특수한 것이나 혹은 합리화 일변도로 무장된 해외제 기계로 대체되고 있다.

품질 좋은 제품을 생산할 수 있는 일본제 기계 공장이 폐업한 지금, 생산 현장의 보수는 고령 기술자가 자질구레하게 부품을 만드는 영세기업에 의지할 수밖에 없게 됐다. 하물며 이들 기술을 전수할 후계자가 없는 위기적 상황이다. 현재 국내 양말 업계는 참담한 실정에 놓여 있다.

양말 업계를 지키는 것이 내 역할

일본 양말의 품질은 세계 최고이다. 그것은 내 노력 때문이 아니다. 옛날부터 그랬다. 이러한 일본 양말을 전 세계 사람이 신어 주길 바라는 마음으로 런던과 파리에 매장을 오픈했다. 일본에서 소매점을 시작했던 것도 같은 이유에서였다. 한 사람이라도 더 좋은 양말을 신었으면 좋겠다.

덧붙여 여성용 양말은 유행과 인기 상품이 빠르게 변하기 때문에 국내에서 생산하지 않는 한 빠른 변화에 대처할 수 없다. 타비오를 중핵으로 하는 우리 집단을 더욱 강화해 나가면서 일본 양말 업계를 지켜나가는 것이 내 역할이라고 생각한다. 우리는 일본 국산 양말을 지키는 이른바 최후의 요새이므로 죽을 각오로 임하고 있다. 여기가 없어지면 내가 꿈꾸는 이상적인 양말을 만들 수 없다. 그러므로 무슨 일이 있어도 존속시켜야만 한다.

내가 고집하는 것은 일본제가 아니라 좋은 상품이다. 이탈리아와 중국을 비롯해 세계의 여러 공장을 둘러보았지만 일본보다 더 품질 높은 양말을 생산할 수 있는 곳은 없었다.

같은 기계를 사용하더라도 실을 어떻게 거느냐, 바늘을 어떻게 조절하느냐 등 미묘한 조작 차이로 전혀 다르게 완성된다. 일본인이 아니면 양말 제작에서 빼놓을 수 없는 '미묘'한 감각을 이해하지 못하는 것 같다.

협력공장 기술자에게 "이런 양말의 경우에는 이 부분을 미세하게 조여 줘"라고 옷감을 보면서 말했다고 해보자. 일본에서는 통하는데 외국에서는 전혀 뜻이 전달되지 않는다. 그런 섬세한 기술력이 일본에는 있다. 예를 들어 반 바퀴 회전시키라고 하면 이해하지만, 아주 조금만 돌리라고 하면 외국에서는 통하지 않는다. 작은 차이 같지만 이것이 쌓이면 큰 차이가 된다.

나는 발을 포근하게 감싸주어 신고 있다는 느낌이 들지 않는, 제2의 피부 같은 양말을 만들고 싶다. 그런 양말은 신을 때도 쓱 하고 잘 신어진다.

"요즘은 물건이 넘쳐나서, 좋은 걸 만들기만 한다고 팔리는 그런 시대가 아니야"라고 말하는 사람이 있다. 하지만 그렇지 않다.

　독선적으로 만들어서는 안 되겠지만 고객이 원하는 제품이 무엇일까를 최선을 다해 생각하고 한눈팔지 않고 한결같이 좋은 제품을 판들어 양심적인 가격으로 팔면 고객은 반드시 제품을 사줄 것이다. 적어도 난 "이거라면 고객이 기분 좋게 신을 수 있겠어", "발 건강에 좋겠어"라는 생각을 하며 성심성의껏 양말을 만든다. 내 마음을 대변해 주는 것은 양말이다. 좋은지 나쁜지는 고객이 판단한다. 말은 필요치 않다.

　내 입장에서는 품질 나쁜 싸구려를 판매하는 곳은 고객을 바보 취급하고 있다고 밖에는 생각되지 않는다. "너희 같은 가난뱅이한테는 이걸로 충분해!"라고 말이다. 언젠가 천벌을 받을 것이다. 경영학이란 상품학이다. 상품에 바탕을 둔 경영이 중요하다. 아무리 경영자가 우수하더라도 팔리기만 하면 뭐든 상관없다는 경영 자세로 오래간 회사를 나는 본 적이 없다.

●

●

●

제조하는 사람의 기쁨이 되다

　나는 중국 고전에서 '싸우지 않는 전략'을 배웠다. 싸우지 않고 승리하기 위해서는 어떻게 해야 하는가를 끊임없이 생각했고 지금껏 실천했다. 타사와 싸우지 않기 위한 최고의 방법은 독자성이 뛰어난 상품을 만드는 것이다. 그래서 양말 제작에 남다른 열정을 쏟았다.

그저 돈을 벌기 위해 좋은 제품을 만드는 것이 아니다. 좋은 양말은 만드는 것은 제조하는 사람에게도 기쁨이 된다. 아무래도 상관없는 물건 따위는 만들어봐야 기쁘지 않다.

독립하고 얼마 지나지 않았을 때 한 켤레의 양말과 만났다. 탄식이 새어 나올 정도로 훌륭한 여성용 양말이었다. 나는 그 양말을 만든 기술자를 만나러 갔다.

나라 현 고료 초에서 농업에 종사하면서 양말도 만들고 있는 사람이었다. 나는 멋대로 풍채 좋은 엄격한 검술의 달인과 같은 모습으로 상상했다. 하지만 만나보고 깜짝 놀랐다. 밀짚모자에 반바지를 입고 한창 농사일을 하고 있었는데, 풍채가 시원찮았다. 그 훌륭한 양말하고 이미지가 전혀 매치되지 않았다.

하지만 다음 날 그의 작업장을 방문하고 나는 감동했다. "이 상품을 조금 더 이렇게 하고 싶어요."라며 사 온 상품을 내밀었더니, 기름 묻은 손을 닦고 무릎을 꿇고 표창장이라도 받아들듯이 양말을 공손하게 받았다. 그리고 접힌 부분의 감촉을 확인하기도 하고 뒤집어 보기도 하며 그야말로 정성스럽게 양말을 살펴보았다.

'이 사람이야! 이 사람하고 이상적인 양말을 만들겠어!'. 나는 즉시 그렇게 생각했다. 이것이 우리 회사 최초의 거래 공장이 되어준 호리우치 마사히로堀内正弘 씨와의 만남이다.

호리우치 씨는 무엇 하나 적당히 넘기지 않았다. 그의 겸허한 자세가 투영되어 훌륭한 양말이 만들어졌다는 생각에 고개가 끄덕여졌다. 도제 견습 시절에 점장이 "좋은 양말을 만들고 싶으면 인간성을 갈고 닦아. 사람은 자기 인격에 상응하는 상품밖에는 만들지 못하는 법이니까"라며 거듭 강조했던 것이 떠올랐다.

종종 공장에서 기술자를 상대로 '양말에 관해서라면 내가 제일 잘 알아'라는 듯 마구 호통쳤던 내 자신이 부끄러워졌다.

●
●
●

흥망과 성쇠는 한 세트

기업은 안정적이고 평온한 성장을 바라지만, 성장이란 것 자체가 변화이다. 차면 기우는 것이 자연의 이치다. 인생과 장사도 무상無常하게 끊임없이 변화를 반복한다. 그럼에도 안정적인 생애와 운영을 바란다면, 기본에 충실하게, 원리원칙에 근거해 엄숙하게 운영해야 한다.

눈앞의 현상만 보고 그때만 통하는 수법으로 약삭빠르게 처신하는 사람은 결국 잔재주가 화가 되어 대성하지 못하는 법이다. 유행을 타는 것도 중요하지만, 유행을 선도하는 데는 리스크가 동반된다. 유행과 실증, 흥망과 성쇠는 한 세트이다. 영원히 유행을 선도할 수는 없다.

우리 회사에서는 '변하는 것과 시대가 흘러도 변하지 않는 것'을 함께 강조한다. 유행도 반영하지만, 고객이 뭐라고 하든 이것만큼은 절대 양보할 수 없는 변하지 않는 부분도 있다. 우리는 이 두 가지를 함께 추구하고 있다.

타비오의 최대 강점은 바로 인적 네트워크

타비오가 양말 전문 기업으로 지금까지 성장해올 수 있었던 것은 '팔리는 상품을 팔리는 만큼 만든다'는 명제를 실현하기 위해 끊임없이 노력했기 때문이다.

유행하는 패션과 기후 변화에 따라서 인기 제품은 빠르게 변화한다. 어떻게 하면 불량 재고는 줄이고, 품절되는 일 없이 인기 상품은 늘 매장에 진열해 놓을 수 있을까. 이를 실현하기 위해 타비오는 공장에서부터 소매점까지의 흐름을 모두 포괄하는 독자적인 생산 판매 관리 시스템을 1970년대부터 서둘러 개발하기 시작했다. 오늘날 말하는 서플라이 체인 매니지먼트SCM이다.

SCM이란 원재료 조달부터 생산, 물류, 판매에 이르는 일련의 흐름을 관리하는 수법을 말한다. 여기에서는 정보 시스템 구축이 열쇠가 된다.

타비오 본사는 양말 전문점 '쿠츠시타야'를 비롯한 전 매장의 매출 정보를 집계하여 물류 거점인 타비오나라(나라 현 고료 초)와 생산을 위탁하고 있는 협력공장에 전달한다. 공장은 판매 현황과 재고 동향을 확인하면서 타비오에서 발주가 들어오길 기다리지 않고 생산 조정 및 원재료 조달에 착수한다. 예외적으로 봄·가을 신상품 계획을 할때는 초기 생산량을 타비오가 지정하지만, 그 후 추가 생산은 각각의 공장에서 독자적으로 판단한다.

판매된 수량만큼 생산하는
'사무라이 체인 매니지먼트'

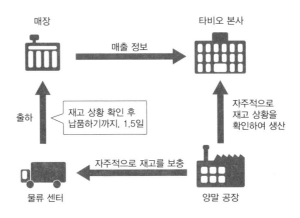

실제로 타비오에서 정식 발주가 들어온 시점에는 이미 생산이 선행된 경우가 많다. 공장은 모두 타비오나라에서 자동차로 몇 분 걸리지 않는 곳에 위치한다. 그래서 부족한 상품량을 다음날 출하까지 확실하게 보충할 수 있다.

생산된 양말은 타비오나라로 배송되고, 각 매장의 발주에 따라서 한 켤레씩 피킹된다. 빠르면 발주한 지 하루 반나절 만에 인기 상품이 매장에 도착한다. 매장에는 하루에 세 번 배송이 이루어진다. 약 1만 5,000 아이템, 약 60만 켤레의 재고가 한 달에 3회전 된다. 인기 상품은 품절되지 않도록 하고, 비인기 상품은 최소한으로 줄인다. 이와 같은 이상적인 모습을 실현할 수 있는 것은 하류 매장과 상류 협력 공장이 유기적으로 연결되어 있기 때문이다.

타비오는 고로초 주변에 있는 7개의 타비오 전속 양말 공장과 '쿠츠시타야 공영회'를 조직했다. 자본 관계는 없지만, 그 이상의 강한 신뢰 관계로 맺어져 있다.

그중 하나인 나라 현 가시바 시香芝市의 세키야메리야스関屋莫大小에는 양말에 가격표를 붙이는 기계가 있다. 타비오가 개발한 기계이다. 타비오 입장에서 세키야메리야스는 구매처이다. 구매처를 위해 기계를 개발하는 기업은 양말 업계는 물론이고 여타 업계에서도 찾아볼 수 없다. 아침부터 밤까지 종일 쉴 새 없이 일하는 공장의 모습을 지켜볼 수 없어서 타비오가 기계화를 추진했다고 한다.

"제조부터 판매까지 일체화된 인적 네트워크가 타비오의 최대 강점"이라고 세키야메리야스의 다카가키 겐이치高垣元— 사장은 말한다.

공장에는 매장 직원도 제조 현장을 견학하러 방문한다. 매장 직원이 무심코 내뱉는 "이 상품은 다 팔렸는데 아직 입고가 안 됐어요", "이런 컴플레인이 들어와서 힘들어요"라는 말이 생산 현장 담당자의 마음에 불을 지핀다. '매장 직원들도 열심히 일하고 있구나. 우리도 분발해야지!'

일반적으로 상류에 있는 제작자는 하류에 있는 판매자의 목소리를 듣지 못한다. 얼굴조차 모르는 경우도 허다하다. 서로의 얼굴을 알면 '잘 만들어야지', '열심히 팔아야지' 하는 마음이 저절로 솟는다. 대표자끼리가 아니라 현장에서 일하는 사람끼리 이야기를 나눌 수 있는 것도 타비오가 강할 수 있는 비결이다.

사무라이 체인의 구축을 앞두고 협력공장은 단말기와 소프트웨어를 직접 구입해야 했다. 팔린 수량만큼 즉시 생산하는 시스템을 구축하기 위해 꼭 필요한 투자였지만 결코 적은 금액이 아니었다. 다카가키 사장은 "그때까진 가내공업하는 수준이었기 때문에 투자하기 부담스러웠어요. 근데 오치 회장이 '이걸 하지 않으면 미래가 없어!', '우리가 업계를 바꿔야 해!'라며 강력하게 주장하는 바람에 설득 당했어요."라며 당시를 회고했다.

삼십 수년 전, 고료 초 일대에는 양말 공장이 약 1,000사 가량 있었다. "오치 회장이 '얼마나 살아남을 것 같아?'라고 묻기에 '절반쯤 남을까요?'라고 대답했던 기억이 나요"(다카가키 사장). 그런데 지금 남아 있는 것은 겨우 100사에 불과하다. 실제로 조업 중인 곳은 더 적다. 타비오와 거래하지 않았다면 지금까지 존속하지 못했을지도 모른다.

불특정다수의 거래처와 거래하는 동업자는 "한 회사하고만 거래해선 안 돼"라고 했다. "그런데 불특정다수의 거래처와 거래하면, 무엇보다 어떻게 하면 싸게 대량으로 양말을 만들 수 있을까를 생각해야 해. 하지만 타비오 안에서 살아남으려면 어떻게 하면 좋은 상품을 만들 수 있을까가 제일 중요하지. 사고방식이 완전히 달라"(다카가키 사장).

매년 지독한 원가 삭감을 요구받는 하청 기업이 많은 요즘 같은 시대에 점점 더 원가를 줄이지 않으면 안 되는 것이 아니라, 점점 더 좋은 상품을 만드는 방향으로 나아갈 수 있다는 점이 제작자로서도 틀림없이 기쁠 것이다.

2014년 무렵부터 엔저로 돌아서면서 실 가격이 상승했다. 대표 상품의 가공비는 올릴 수 없지만, 신상품 등 도저히 채산이 맞지 않는 경우에 타비오는 실 가격을 감안하여 함께 의논해준다. "그건 너희 사정이고!"라는 식으로 울며 겨자 먹기를 강요하지 않는다. "구매처를 정말로 소중하게 대해줘요. 오치 회장은 이따금 고전을 인용해 인생에서 대해서도 가르침을 주세요. 이런 거래처 분은 또 없을 거예요"(다카가키 고메히로高垣米弘 전무).

쿠츠시타야 공영회는 운명 공동체가 아니다. 사업 승계에 대한 인사말을 전하고자 다카가키 전무가 오치 회장을 방문했을 때 회장이 이런 질문을 했다. "타비오가 기울면 자네는 어쩔 텐가? 자네 공장은 우리하고만 거래하잖아". "그렇게 되면 저희도 그만두겠습니다"라고 말하자 호통을 쳤다. "타비오가 기울면 잽싸게 도망쳐! 위험하다는 생각이 들면 즉시 거래를 그만두고, 상품을 회수하고, 딴 거래처를 찾아야지! 타비오와 양말 공장은 운명 공동체가 아니라 이념 공동체야. 사고방식은 같아도 되지만, 타비오가 망한다고 같이 망해선 안 돼!"

이와 같은 자세가 또한 협력공장과의 일체감을 높이는 데 큰 역할을 했을 것이다.

제4부
승계 시대
- 무한 격투편

24 스물넷

대대로 각자가 초대 사장!
날 따라 하지 마라

•
•
•

2008년 5월에 장남 오치 가쓰히로越智勝寬에게 사장 자리를 물려주고 나는 회장이 됐다. 건강상의 이유로 양말을 신지 않으면 안 되게 됐기 때문이었다. 나는 15~16살 때부터 양말을 신지 않고 생활했다. 양말을 신게 된 이상 쿠츠시타야 사장 역할을 할 수 없다고 판단했다.

맨발에 샌들만 신는 것은 50년을 넘게 계속해온 습관이다. 출장 갈 때를 제외하고는 양말을 신지 않고 사장 업무를 해왔다. 상품 완성도와 착용감을 보다 정확하게 체크하기 위해서는 평소에 맨발로 지내는 것이 최고이기 때문이었다.

그런데 의사가 "발을 차게 하면 건강에 안 좋아요. 최소한 겨울 동안만이라도 양말을 신는 게 어떻겠어요?"라고 했다. 나는 "싫어요!"라며 거부했지만, 아내가 무슨 일이 있어도 신으란다. 그래서 할 수 없이 양말을 신게 됐다. 추운 1~2월뿐이기는 하지만.

하지만 그것은 '양말보다 목숨이 중요해졌다'는 뜻이 아닐까. 상인이란 자신이 만든 제품을 목숨보다 중요하게 여겨야 하지 않는가.

13년간의 도제 견습 생활을 거쳐 1968년 3월에 양말 도매업 단삭스를 창업한 이후로 줄곧 매일 일만 했다. '가족 서비스' 같은 것은 할 틈이 없었다. 내가 처음으로 가족과 함께 하이킹을 갔었던 것은 41살 때였다. 그때까지는 한 번도 다 같이 멀리 여행을 갔었던 적이 없다.

가쓰히로는 평범한 아이였다. 지금도 평범하고 생각한다. 그런데 음악에 빠져있었다. 한때 그쪽 방면에 뜻을 두었던 때도 있었다. 대학교를 그만두고 아르바이트해서 북(드럼을 의미함)을 사기도 했다. 그런데 그만두질 않았다.

"25살까진 괜찮아. 그때까지 해서도 먹고 살지 못하면 (회사에) 들어와서 제대로 일해"라고 했다. 차 안에서 한 번 연주를 들었던 적이 있는데, 운전 중이었으면 사고가 났을 것 같은 곡이었다. 좋은지 나쁜지도 도통 알 수가 없었다. 다만 언젠가 아들이 돌아올 거라고 믿었다.

왜냐하면 사업이란 장남이 뒤를 잇는 것이 당연하다고 생각했기 때문이었다.

가쓰히로는 친구가 사장으로 있는 화장품 회사에서 경험을 쌓은 다음에 단(현 타비오)에 입사했다.

•
•
•

3개월 만에 지도를 포기하다

제왕학? 그런 것은 없다. 특히 자식은 교육하기 어렵다. 나도 그랬지만 대개 자식은 부모 말을 안 듣지 않는가.

그래도 처음에는 여러 가지 이야기를 해 주었다. 하지만 초심자에게 경영을 가르치는 것은 만난 적 없는 사람의 생김새를 말로 전하는 것과 같다. 눈은 어떻게 생겼고, 코는 이렇고, 입은 저렇다고 가르쳐 본들 실감이 나지 않는다. 어느 정도 지식과 경험이 있으면 "누구누구랑 비슷하게 생겼어"라고 예를 들어 설명할 수 있겠지만, 그때 아들은 경영에 관해 아는 것이 전혀 없었다.

나는 나름대로 세심하게 지도한다고 했었는데, 아들은 내가 집요하게 괴롭힌다고 여기며 반항했다. 아들은 어른이 되면 아버지에게 검사처럼 굴고 마지막에 가서는 재판관이 된다더니, 어머니에게는 변호사가 되어 주는 모양이었다. "네! 네!"라며 그저 잠자코 듣기만 하는 것보다는 반항하는 편이 장래성이 있어 보여서 좋기는 하지만 말이다.

결국 아들을 교육시키는 것은 2~3개월 만에 깔끔하게 포기하고, "한동안 하고 싶은 대로 해봐. 대신 네 행동에 책임은 져야 해"라고 했다.

사업 승계를 앞두고 했던 준비라고는 굳이 말하자면 내가 최선을 다해 열심히 일하는 것이었다. 지금도 매일 사무실에 제일 먼저 출근한다. 아침 6시 반에 집에서 나와서 7시쯤 회사에 도착한다. 그리고 일을 시작한다. 후계자에게는 그런 모습을 보이는 것이 제일이다. 입으로 말해봐야 반발할 뿐이다.

'단'에서 '타비오'로

2006년에 단에서 타비오로 사명을 바꾼 것은 아들이었다. 경영자로서의 각오를 다지도록 가쓰히로에게 맡겼다. 단은 내가 만든 회사이다. 앞으로는 아들이 회사를 만들어가지 않으면 안 된다. "앞으로 책임감을 갖고 임하기 위해서라도 네가 원하는 이름을 붙여"라고 했다.

사장 교대를 하면서 했던 말? 딱히 없다. "이제 네가 사장이야."라고 한 것이 전부이다. 부모자식지간이지 않은가. 그것으로 충분하다. "우리는 대대로 각자가 초대 사장이야. 아버지 흉내 내지 마. 너 하고 싶은 대로 해!"라고 덧붙였지만 말이다.

아들이 하는 것이 아직 만족스럽지는 않지만, 성실하게 하면 그것으로 충분하다. 회사에 무슨 일이 생겨도 어떻게든 할 것이다. 내 머리로도 망하지 않고 지금껏 꾸려왔다. 걱정되지 않는다.

25
스물다섯

어리석은 대장이
적보다 무섭다

사장 교대를 할 때 내가 만든 소책자 〈어리석은 대장이 적보다 무섭다-창업자 전달〉을 아들들에게 건넸다. 오랜 경영자 생활을 통해 배운 것을 열 장 남짓 되는 페이지에 담았다. 아들들이 집중해서 진지하게 읽어주길 바라는 마음으로 글자를 아주 작게 인쇄했다. 글자가 너무 작아서 휘리릭 읽어 넘길 수 없도록 일부러 그렇게 한 것이다.

지금도 일 년에 몇 번씩이나 타비오에서 해고됐을 때의 꿈을 꾼다. 반복적으로 꾸는 그 꿈이 그만큼 경영자의 책임이 무겁다는 것을 가르쳐 준다.

견습처 점장은 군대 생활을 했던 경험으로 곧잘 이렇게 말했었다.

"오치, 잘 들어. 전쟁터에서 병사들이 왜 적을 공격하는지 알아? 그건 적보다 우리 편 대장이 더 무섭기 때문이야".

경영자에게는 회사와 종업원의 생활을 뒷받침해야 하는 막중한 책임이 있다. 확실히 대장이 그릇된 판단을 하면 큰 문제가 발생한다. 그야말로 '어리석은 대장은 적보다 무섭다'고 할 수 있다.

『수서隋書』 독고황후전獨孤皇后傳에 기호지세騎虎之勢라는 고사성어와 관련된 유명한 일화가 있다. 혼란했던 중국을 통일하고 수나라를 건국한 문제 양견文帝楊堅(고조 문제高祖文帝)이 천하 통일을 목전에 두고 아내 독고가라獨孤伽羅에게 '전장을 뛰어다닌 덕분에 어느 정도 일단락이 됐다오. 무척 지친 터라 그대 곁으로 돌아가 잠시 쉬고 싶소'라는 취지의 편지를 보냈다. 그런데 아내 가라한테서 온 답장에는 이렇게 적혀있었다.

•
•
•

호랑이 등에서는 내려올 수 없다

'당신께서는 천하를 손에 넣겠다는 하루에 천 리를 달리는 호랑이 등에 올라타 계십니다. 한 번 올라탄 이상 도중에 내리실 수는 없습니다. 만일 도중에 내리신다면 순식간에 호랑이에게 물어 뜯겨 죽고 말 것입니다'.

큰 뜻을 품고 일을 시작해놓고 도중에 그만두면 자멸하게 된다는 뜻이다. 나도 다른 수많은 경영자도 이미 호랑이 등에서 내려올 수 없다.

경영이 전쟁이라면 최악의 패배는 도산이다. 도산만큼 비참한 것은 없다. 경영이란 때에 따라서는 그런 냉엄한 국면에 처할 수 있는 무척이나 리스크가 큰일이다. 그만한 각오가 없다면 경영이란 혹독한 작업에 처음부터 발을 들이지 않는 편이 낫다.

직접 만든 소책자 〈어리석은 대장이 적보다 무섭다〉
가로 약 10센티미터 크기의 종이에 한 줄당 40글자가 들어있다.

26 스물여섯

방정식보다 사칙연산

오늘날 알파벳은 쓸 줄 알아도, 일본 전통 시가 이로하우타いろは 歌의 순서에 따라서 일본어 히라가나를 쓸 수 있는 대학생은 거의 없다. 내 눈에는 원리원칙, 즉 사칙연산도 모르면서 방정식을 열심히 풀고 있는 것으로 보인다.

지식은 인간의 도구에 불과하다. 인격을 결정짓는 요소는 아니다. 지식만 앞서면 위험할 수 있다. 하물며 지금은 지식을 돈으로 살 수 있는 시대이다. 지식이 있다는 것은 도구를 많이 갖고 있다는 뜻이므로 타인에게 부려지는 입장에 놓이게 마련이다. 물론 없는 것보다는 있는 것이 낫다. 다만 그 정도 것을 학문이라고 말하니까 문제가 생기는 것이다. 인생을 어떻게 살아야 하는가를 공부하는 것이 학문이다. 한정적인 삶을 어떻게 살 것인가, 이것이야말로 중차대한 문제이다. 수단을 공부해본들 아무런 도움도 되지 않는다.

수단이 도움이 되는 것은 남의 밑에서 일할 때

수단이 도움이 되는 것은 남의 밑에서 일할 때이다. 메이지 유신의 영웅으로 불리는 후지타 도코藤田東湖라는 인물이 있다. 그가 열심히 검술을 연마하자, 그 모습을 지켜보던 그의 아버지 후지타 유코쿠藤田幽谷가 "소와 말은 힘을 가졌기 때문에 결국 사람에게 사육되어 사람에게 유용한 동물이 됐다. 너는 그런 존재가 되고 싶은 것이냐?"라고 말했다. 소와 말은 힘을 가진 탓에 인간에게 사육되는 신세가 됐고 인간의 도구가 됐다. 네 목표는 그런 입장이 되는 것이냐는 말을 듣고 후지타 도코는 크게 깨닫고 후회했다.

『채근담菜根譚』에도 이런 말이 나온다.

「지계기교 부지자위고, 智械機巧 不知者爲高,
지지이불용자 위우고 知之而不用者 爲尤高」
(지계기교를 모르는 자는 고결하다. 하지만 알면서도 사용하지 않는 자는 더욱 고결하다. 「채근담」 전집前集 4)

지계기교라고 하는 것은 요컨대 여러 가지 방법을 말한다. 즉 '세

속적인 권모술수를 모르는 사람은 고상하다. 그러나 설령 그것을 알더라도 쓰지 않는 사람은 더욱 고상하다'는 뜻이다.

내 경험상으로 말하자면 어려운 것은 대개 아무런 도움도 되지 않는다. 인생에서도 그렇고, 경영에서도 그렇고 원칙은 산수의 사칙연산처럼 지극히 단순하다. 이를 얼마나 아는가에 따라서 승패가 결정된다. 경영에 있어서 사칙연산은 '벌어들인 돈보다 경비를 적게 쓰라. 남은 돈이 이윤이다. 버는 돈보다 경비를 많이 쓰지 마라. 적자가 난다'는 것이다. 이것이 전부다. 아무리 공부해도 이 원칙은 변하지 않는다.

경영이란 '인생의 오의'를
'실천하는 것'

·

　·

　·

　　'경영은 어렵다'고 하는 사람이 많다. 그런 말을 하는 사람은 머리가 제 정상이 아니다. 경영이란 바보일수록 하기 쉽다. 경영은 간단하다. 경영은 인간이 살아가는 방법이다.

　　'경영'이란 말은 원래 불교용어이다. 선사에 가면 알 수 있다. 가부좌를 틀고 좌선을 하고 있으면 죽비로 어깨를 내려치면서 "정신 똑바로 차리고 경영하시오"라고 한다.

　　경영이란 인생의 오의經를 실천하는 것嚬이다. 경經이란 석가가 어떻게 살아야 하는가, 즉 인간 삶의 방법을 설한 것이다. 인간 삶의 방법을 실천하는 것이 경영이고, 경을 실천하는 것이 기업 경영이다.

　　'기업企業'의 목표는 일業을 기획企하는 것, 즉 우리가 살아갈 수단을 궁리하고 계획하는 것이다. 돈 버는 것만을 목표로 삼아서는 안된다.

중소기업 경영은 즐겁다

실제로 오늘날 대학에서 가르치는 경영학은 이렇게 말하자니 안쓰럽지만 거의 아무런 의미가 없다고 생각한다.

언젠가 유명한 대학원 교수 중에 경영학의 권위자로 불리는 선생님하고 강연을 함께 하게 됐던 적이 있다. 점심을 먹는데 교수가 내게 "오치 씨, 중소기업은 경영하기 힘드시죠?"라고 했다.

나는 '이 사람은 뭘 모르는구만.'이라고 생각했다. "그렇지 않아요. 중소기업 경영은 즐거워요. 어려운 건 잘 모르지만, 경영이잖아요? 똑똑한 사람한테 이래저래 상담하고 물어가며 하기 때문에 전 생각할 필요가 없어요. 엄청 쉬워요."라고 했다.

그러자 교수가 밥 먹다 말고 체할 것 같은 이야기를 했다. "사실 전 철공소집 아들인데요, 제가 교수를 해서 가업은 남동생이 이었어요. 어느 날 밤에 동생이 전화해서 돈이 부족하다고 하기에 제가 얼마간 마련해 주었었는데, 3월전에 결국 도산했어요.". 나는 깜짝 놀라서 "경영학이라는 건 가족이 도산하는 것도 막지 못하는 학문인가요? 그런 경영학이 존재해도 되는 겁니까?"라고 물었다. 교수는 무척 불편한 표정을 지었다.

더 비참한 이야기도 있다. 옛날에 "경영학 정도는 공부하셔야죠."

라며 전무가 잔소리를 해서 하코네箱根에서 개최된 4박 5일짜리 경영학 세미나에 참가했을 때의 일이다. 세미나 회장까지 친구가 찾아와서 "오치 씨, 어제 우리가 부도를 냈어. 난 어떻게 해야 할지 모르겠어."라며 내 앞에서 울었다.

나는 "넌 운이 좋네. 때마침 여기 강사가 대학교수야. 점심시간이니까 가서 상담하자구."라고 하곤 교수한테 친구를 데리고 갔다. "교수님, 친구가 어제 부도를 냈대요. 어떻게 해야 되죠?"라고 물었더니 교수는 놀랍게도 "그건 제 전문 분야가 아니에요."라고 대답했다.

나는 화가 났다. "경영과 도산은 양날의 검이잖아요! 상대를 벨 생각만 하고, 베일 생각과 방어할 생각은 하지 않는 검술이 세상천지 어디에 있습니까! 창업한 회사 97%가 도산하고 겨우 3%만이 살아남는다고 아까 말씀하셨잖아요? 그래놓고 도산과 부도 같은 비상사태는 전문 분야가 아니라니, 뭐 그런 학문이 다 있습니까?"라고 퍼부었다. 이런 곳에 있어 봐야 시간 낭비라는 생각에 즉시 돌아와서 친구 문제를 깔끔하게 처리해 주었다.

난 경영이란 상품을 연구하는 것이라고 생각한다. 상품이 좋지 않으면 안 팔린다. 팔리지 않으면 경영 같은 것은 아무짝에도 쓸모가 없다. 상품 연구를 한 다음에, 상품을 고객에게 어떻게 하면 폐를 끼치지 않고 원만하게 제공할 수 있을지를 생각하면 된다. 상품 연구도 판매 가격 연구도 하지 않으면서 뭐가 경영학이란 건지……. 상품은 자존심이고, 판매 가격은 양심이다. 난 그렇게 생각한다.

'검술'과 '전술'

　조직을 통솔하는 것은 가혹한 일이다. 병법에는 두 가지 의미가 있는데 바로 '검술'과 '전술'이다. 당연히 의미하는 바가 전혀 다르다. 검술은 미야모토 무사시宮本武蔵처럼 기술을 연마하여 스스로 검을 휘두르는 것이다. 미야모토 무사시는 검술가이다.

　한편 조직을 편성하고 사람을 부려서 싸우는 것은 전술이라고 한다. 도쿠가와 이에야스德川家康는 전술가이다.

　검술과 전술은 차원이 다르다. 미야모토 무사시와 도쿠가와 이에야스가 서로 죽일 기세로 싸운다면 누가 이길까. 도쿠가와가 조직을 편성해 대적한다면 미야모토가 아무리 잽싸게 뛰어다녀도 순식간에 죽고 말 것이다. 전술가에게 걸리면 『오륜서(五輪書, 일본의 대표적인 검술가 미야모토 무사시가 집필한 검술의 진수를 담은 서적—역자 주)』를 읽었다고 해도 당해낼 재간이 없다.

　홀로 검을 휘두르는 미야모토 무사시랑 싸워서 패하는 경영자는 경영자라고 할 수 없다. 경영에 뜻을 품었으면 전술의 소양을 갖추어야 한다. 또 그러한 입장에 서고자 한다면, 경영자는 어떤 회사를 만들겠다는 꿈을 갖고 있어야 한다.

28
스물여덟

사원에게 매달려라

     ●

     ●

     ●

　나는 중졸에 바보라서 기본적으로 사원들에게 의지하고 있다. 나는 "이런 걸 하고 싶어", "이런 걸 해줘."라고 말만 한다. 경영이란 참 속 편한 일이라고 생각한다. 설령 일을 맡긴 사원이 실패하더라도, 내가 했으면 더 크게 실패했을 거라고 생각한다. 그래서 맡길 수 있는 것이다. 세상에는 사원에게 일을 못 맡기는 사장이 많다는데, 나는 굳이 말하자면 맡긴다기보다 매달리는 쪽에 가깝다. 사원을 움직이게 하는 요령은 바로 사원에게 매달리는 것이다.

　"잠깐 찻집으로 좀 올래?"라며 사원을 불러낸다. 대개 사원은 이 시점에 눈치를 챈다. "오늘 바빠요. 그런 거 할 시간 없어요."라고 한다. 그래도 "나도 바쁜 거 알지. 근데 생각해 봤는데 아무리 생각해도 자네밖에 없어. 부탁해!"라며 매달린다. 그러면 다들 "어휴, 어쩔 수 없네요!"라며 해준다. 우리 간부들은 옛날부터 그랬다. 가엾게도…. 게다가 나는 아침, 점심, 저녁으로 물어본다. "그거 어떻게 됐어? 어떻게 됐어?"라고……

　신입 사원이 들어올 때마다 나는 매번 "다들 알겠지만, 대기업에 들어가면 다 죽은 목숨이야. 근데 우리 같은 중소기업에 들어오면 반만 죽어"라고 한다. 대기업에 들어가면 하고 싶은 것도 못하고 정년이 되면 버려지니 살아도 사는 게 아니다. 우리 같은 중소기업에서 일하면 죽도록 일해야 하니까 반죽음이 된다. '자아! 어떻게 할래?'라는 의미이다. "우리 회사에 들어왔으니까 앞으로는 나랑 사장이랑 회사가 자네들한테 의지할 거야. 자네들은 회사에 의지하면 안 돼. 나한테 의지하는 사람은 아내 한 명으로도 벅차니까. 내가 자네들한테 의지하게 해줘"라고 한다. 나는 사원 한 명, 한 명이 내 부족한 부분을 채워주길 바란다.

·
·
·

바보가 살아가는 방법

옛날부터 바보랑 현자가 싸우면 반드시 바보가 이겼다. 똑똑한 놈은 이기지 못한다. 경영자는 자기보다 똑똑한 사람을 좋아하지 않아선 안 된다. 머리 좋은 사람은 자기보다 머리 좋은 사람을 싫어한다. 그래서 의외로 바보가 지배하는 입장에 선다. 세상은 참 신묘하다.

우리 회사에도 대학을 나온 똑똑한 녀석들이 있다. 그중에 한 명, 간부를 맡고 있는 남자가 이런 말을 했던 적이 있다. "사실 전 원래 다른 세계에서 살고 싶었어요. 근데 사장님을 만나 양말 이야기를 듣고 나서 깔끔하게 내 꿈을 버렸어요. 사장님을 그냥 내버려 둘 수가 없었거든요".

바보는 바보 나름대로 열심히 살아야 한다. 열심히 살다 보면 똑똑한 사람들이 몰려들어 "도와줄까?"라며 손을 내밀어 준다. 또 바보이기 때문에 필사적이 될 수 있다.

열심히 바라면 천지자연이 내 편이 되어 준다고 바보는 멋대로 믿는다. '입지하지 않음은 방향키 없는 배, 재갈 없는 말과 같다'는 말이 있다. 뜻을 분명하게 세우지 않으면 방향키 없는 배나 재갈을 물리지 않은 말처럼 갈피를 잡지 못해서 제대로 나아가지 못한다는 뜻이다.

경영자는 꿈이 없어선 안 된다. 비전 없는 경영자를 따를 사원은 세상 어디에도 없다. 회사를 이렇게 만들겠다는 꿈을 품어야 하고, 그다음에는 좌우간 본인부터 꿈을 실현하기 위해 최선을 다해야 한다. 경영자는 소용돌이의 중심이 되어야 한다. 그러면 사원도 소용돌이에 휩쓸려서 사장을 도와주지 않고는 못 배긴다.

29 스물아홉

해와 달이 하나가 된 것처럼
눈부시게 밝은 것이 내일

●

●

●

　내일, 즉 명일明日은 밝은明 날日이라고 쓴다. 글자를 보면 알 수 있다시피 태양과 달이 하나로 합쳐진 것처럼 눈부시게 밝은 것이 내일이다.

　한 번은 불교 계열 대학에서 이야기를 나누었던 적이 있다. 나는 "저 세상에 극락이 있다는 둥 지옥이 있다는 둥 그러던데, 그게 사실인가요?"라고 물었다. 다들 잠자코 아무 말이 없기에 "거짓말인가요?"라고 했더니 학생 한 명이 "있습니다"라고 대답했다. "그럼 극락은 어떤 곳인가요?"라고 물었다. 그러자 "아름다운 꽃이 피어있고 기후가 온난하고 그 어떤 괴로움도 없는 곳인 것 같아요"라고 하기에 "교수님, 칼 한 자루만 빌려주시겠어요? 극락이 있다고 생각하는 사람은 한 줄로 서 보세요. 내가 당장 극락으로 보내줄 테니까"라고 했다. 학생들은 여기저기로 도망쳐 다녔다.

　나는 가본 적이 없어서 저 세상에 극락이 있는지 없는지 모르겠다. 다만 나는 이 세상이 천국이라고 진실로 생각한다. 이렇게 좋은 곳은 또 없다.

　인간은 누구나 언젠가 죽는다. 죽음으로 향하는 발걸음 소리를 들어 본 적이 있는가. 심장 고동과 맥박이 바로 그것이다. 이것이 멈추면 인생은 끝난다. 발걸음을 느낄 때마다 진심으로 후회 없이 살아야겠다는 생각이 든다. 한편 나는 밤마다 잠드는 것이 매일 반복되는 죽음이라고 생각한다. 그리고 다음 날 아침에 눈이 떠지면 다시 태어난다. '참 감사하다. 오늘도 눈이 보이고, 팔이 움직이네!'하는 마음으로 일어난다.

●
●
●

정신과 육체는 쌍둥이

당신은 쌍둥이로 태어났다는 사실을 알고 있는가. 우리는 모두 쌍둥이로 태어났다. 인간은 원래 정신과 육체의 쌍둥이다.

예를 들어 술을 마시러 갔거나 놀러 나갔다고 해보자. 그러면 '즐겁다!'고 말하는 나와, '이제 슬슬 집에 가는 게 좋겠어'라고 설득하는 또 한 명의 내가 있다. 그렇지 않은가.

두 명이 바로 정신과 구각軀殼(육체)이다. 두 사람은 누가 말하지 않아도 서로 대화를 나누며 밸런스를 잡으며 살아간다. 인간은 육체의 말만 들으면 한없이 동물에 가까워지고, 정신의 지시만 들으면 한없이 신에 가까워진다.

인간은 만물의 영장이고 동시에 동물에 가까운 존재이다. 본디 구각의 '구軀'는 '몸', '각殼'은 '껍질'을 뜻한다. '체體'의 어원이 '공空(비다)'이라는 설도 있다. 정신과 영혼을 담는 그릇이라는 의미이다. 그러므로 인간의 본체인 정신과 영혼을 살아있는 동안에 수양하고 닦지 않으면 안 된다. 강한 인간이 되기 위해서는 육체 단련보다 정신 단련에 더욱 힘써야 한다.

때로 인간은 좋은 일도 나쁜 일도 영원히 계속될 것처럼 생각하기 쉽지만, 아침이 오지 않는 밤이 없고, 밤이 오지 않는 낮도 없다. 달의 참과 이지러짐, 조수의 간만과 같은 자연의 섭리에 따라서 선악도 순환하지만, 이를 멈출 방법이 있다. 그것은 선악을 만끽하지 않는 것, 선악에 사로잡히지 않는 것이다.

좋을 때는 기뻐하고, 나쁠 때는 그 안에서 좋은 것을 찾는 것이다. 어떤 최악의 상황에도 나름의 최선이 있는 법이다. 인생에서 발생하는 문제에는 '어떻게 할 수 있는 것'과 '어떻게 할 수 없는 것', 이 두 가지밖에 없다. 어떻게 할 수 있는 것은 어떻게든 할 용기를, 어떻게 할 수 없는 것은 수용하는 냉정함을 가지면 된다.

석가도 힘든 고행 끝에 깨달은 것은 '포기'였다. 사정과 이유를 분명하게 밝히든가, 단념한다. 이를 분별하는 것이 인생을 결정하는 중요한 분기점이 된다. 양자를 식별하는 능력과 지혜를 닦는 것도 중요한 비결이다.

30 서른

최선을 다해서 살자

이러쿵저러쿵 말했지만 경영은 진지하게 해야 한다. 사장이 열심히 일하는 모습이 사원에게 가장 큰 격려와 자극이 된다.

옛날에 크게 감동했던 적이 있다. 내 친구 중에 도토루 커피 Doutor Coffee를 창업한 도리바 히로미치鳥羽博道라는 남자가 있다. 어느 날 도리바를 포함하여 여러 경영자 동료들과 술을 마시고 있었다. 나는 알코올을 못 마시지만 말이다. 그런데 도리바가 "난 말이야, 매년 12월 31일에 일을 다 끝내고 집으로 운전해 가면서 매번 부르는 노래가 있어. 그러면 꼭 눈물이 나더라구."라고 말했다.

"네가 우는 노래라니, 어떤 노래인데?"라고 물었더니 "제목도 몰라."라고 했다. "또 저래. 그럼 불러 봐!"라고 요청했다. 그러자 "오늘은 12월 31일이 아니잖아"라며 완강하게 거부했다.

"눈물 난다며 궁금하게 만들어 놓고, 이러면 안 되지!"라며 다 같이 술을 먹였고 "노래해! 노래해!"라며 난리를 폈다. 그랬더니 도리바가 벌떡 일어나서 노래 부르기 시작했다. '쇼와의 메마른 억새昭和枯れすすき'라는 노래 중에서 '있는 힘을 다해 살았으니 미련 따윈 없어'라는 소절을 도리바는 반복해서, 반복해서 불렀다.

그 자리에 있던 사장들 모두가 눈물을 흘렸다. 사원에게 잔소리할 시간이 있거든 사장이 먼저 최선을 다해 미련 없는 일 년을 보내야 한다. 본인이 그렇게 살지 않으면 사원도 사장 말을 듣지 않는다. 그런 사장 밑에서 누가 최선을 다하겠는가.

●
●
●

그만한 애착을 가질 수 있는가

또 이런 일도 있었다. 도리바랑 이야기를 나누다 내가 "커피는 도리바 씨네 커피가 맛있어."라고 했다. 그랬더니 도리바가 어떻게 했는 줄 아는가. 도리바는 의자에서 일어나 머리를 땅바닥에 박을 기세로 "감사합니다"라며 고개를 깊이 숙였다. 여러분은 이렇게 할 수 있겠는가. 나는 잘 못 한다.

미국 자동차 메이커 창업자가 마지막에 어떻게 죽었는지 아는가. 나는 책으로 읽고 무척 감동했다. 그는 어느 정도 규모까지 회사를 성장시켰지만 자기 경영 능력의 한계를 느끼고 다른 사람에게 결정권 전부를 넘기고 물러났다.

얼마 지나지 않아 사원들이 어깨에 힘 좀 주고 드나들 법한 커다란 빌딩에서 청소부 한 명이 쓰러진 채로 발견됐다. 쓰러져 있던 그 남자는 바로 창업자였다. 청소부로 일했던 것이다. 아메리칸 드림이라고들 하지만 실로 장렬하지 않은가.

당신은 이만한 애착을 당신 회사에 갖고 있는가. 결국 나도, 당신도 죽는다. 대충 살든 최선을 다해서 살든 언젠가는 죽는다. 그렇다면 후회가 남지 않도록 올 한 해도 최선을 다해 살았다고 자부할 수 있는 삶을 우리 함께 살아보면 어떨까. 최소한 건강한 동안에는 전력을 다해서 살자. 머리가 좋든 나쁘든 상관없다. 모두 힘내길 바란다.

부록

<특별 인터뷰> 오치 가쓰히로 사장
아들이 아버지에게 보내는 처음이자 마지막 러브레터.

"
창업자의 꿈을 달성하는 것이 나의 사명.
내가 꽃길을 만들어 드리리라.
"

밑바닥에서부터 시작해 양말 업계 최고 기업으로
성장시킨 오치 회장.

체력의 한계를 느끼고 사장 자리에서 물러났지만,
양말에 대한 정열은 아들에게로 계승됐다.

인터뷰어=오기시마 히사에

―단(현 타비오)에 입사하기 전에 화장품 회사에서 경험을 쌓았다죠?

회장님께서 "갑자기 일을 시작하기는 뭣하니 일단 도쿄에 있는 하우스 오브 로제House of Rose에서 근무해봐."라고 하셨어요. 회장님 친구분께서 경영하시는 화장품 회사에요.

하우스 오브 로제에서는 물류 센터에서도 근무했고, 판매 사원으로 매장에서 근무하기도 했어요. 정말 열심히 일했죠. 그때 배운 것 중 하나가 고객이 오지 않는 한가한 시간이 정말 힘들다는 거였어요. 전 한가할 때 가로세로 낱말퀴즈를 풀고는 했죠.

그래서 지금도 한가한 매장을 만들지 않으려고 노력하고 있어요.

4년 반 동안 경력을 쌓은 다음에 오사카로 돌아왔고, 당시까지는 아직 이름이 '단'이었던 지금 이 회사로 들어왔죠. 처음에 배속됐던 곳은 상품부였어요.

―회사 첫인상은 어땠나요?

제가 실수하길 다들 기다리고 있는 것처럼 보였어요. 그걸 피부로 느끼면서 그들의 '기대'를 어떻게 하면 깨트릴 수 있을까 하고 생각했어요.

상품부에서 상품 팔로우업을 약 일 년 정도 했고, 그 후에는 신규 개발부에 배속됐어요. 거기에서 컬러 스타킹의 개발 작업을 했어요. 당시 6컬러밖에 되지 않았던 컬러 스타킹을 24컬러로 다양화했는데, 이게 대히트를 쳤어요.

–힘들었던 시기도 있으셨다죠?

2000년에 오사카 증권거래소 2부에 상장하고 나서 매출이 생각처럼 성장하지 않았어요. 지나치게 프로덕트 아웃(Product out, 시장 요구를 고려하지 않고 일방적으로 제품이나 서비스를 제공하는 경영 방식-역자 주)으로 치달았던 시기였죠. 타비오는 양말만 생산하는 양말 전문 기업이기 때문에, 라이벌이라고 꼭 집어서 말할 수 있는 상대가 없어요. 그래서 좋게도 나쁘게도 프로덕트 아웃에 빠지기 쉬운 면이 있어요. 제조자 입장을 중심에 둔, 고객의 니즈에 맞지 않는 상품을 매장에 진열해놓고도 "이러고 있을 때가 아냐!" 하고 깨닫기가 어려워요. 동업자가 없기 때문에 고객 니즈와 불일치하는 상품을 판매하는 일이 장기적으로 지속되거나, 수정하기 힘들 때가 있어요.

–그 상황에서 어떻게 타개하셨나요?

심플하게 현장주의로 바꾸었을 뿐이에요. 전국의 현장을 돌며 판매 사원과 이야기를 나누었어요. 그리고 다섯 가지 방책을 제시하고 이를 실행했더니 매출이 상승했어요. 사원들도 전보다 더 열심히 해주었고요.

조직과 싸우는 것이 사장의 일.

–2006년에 착수한 대담한 조직 개혁으로 수익성 개선에 성공하셨고, 2007년 2월기에는 매출 100억 엔을 돌파하셨죠?

요즘처럼 변화가 빠른 시대에 최고 리더의 지시를 따르는 것만으로 상품이 팔린다면 이보다 더 편할 순 없겠지요. 관료적으로 "위에서 그렇게 하라니까 그렇게 해"라는 업무 방식으로는 아무것도 이룰 수 없어요.

사원 한 사람, 한 사람에게 문제가 있는 게 아니라 조직이 상황을 그렇게 만드는 거예요. 회사가 기울게 되는 전형적인 패턴이죠. 최근 8년간 사장으로 일하면서 뼈저리게 깨달은 것은 조직이랑 싸우는 게 사장의 할 일이라는 거였어요. 하지만 완벽한 조직이란 것은 없으니까 전쟁도 끝없이 이어지겠죠.

가령 완벽한 조직이 있다고 해도 조직을 구성하는 멤버가 나이를 먹으면 사고방식도 변하고 인간관계도 변하게 되죠. 대단히 복잡한 생명체여서 완성이란 없어요. 조직이란 참 무섭다는 생각이 들어요. 전원이 의욕으로 넘치는 조직을 실제로 만드는 것은 어려울 거라고 지금도 생각해요. 하지만 사장이 되면 그런 무리한 목표를 추구할 수밖에 없어요.

사장도 하나의 직책이 지나지 않는다.

–사장 교대를 하면서 회장님께서 뭐라고 하시던가요?

회장님께서 찻집으로 불러 "다음 분기부터는 네가 사장이야"라고 하셨고, 전 "알겠습니다."라고 대답했어요. 그게 다였죠. '언제든 분부해 주십시오.'라는 마음가짐으로 일하고 있었으니까요. 승계 시점을 회장님께서 왜 하필 그때로 정하셨는지는 사실 저도 잘 모르겠어요.

사장도 하나의 직책이니까 제 역할만 다 하면 된다고 생각해요. 그러니까 설령 "내일부터 부장이다."라고 하시더라도 최선을 다해서 할 거예요. 사장 자리에서 물러나라고 해도, 집행역으로 좌천시키더라도 상관없어요. 점장이 되면 점장이 된 대로 해당 매장을 일본 제일의 매장으로 만들면 돼요. 창업자께서 시키신다면 뭐든지 할 거예요. 창업자는 회사의 아이덴티티니까요.

―싫을 때는 없나요?

없어요. 별로 힘들다는 생각이 들었던 적이 없어요. 그야 화가 날 때는 있죠. 하지만 대개 집에 도착하면 잊어버려요. 이런 말을 하면 좀 그렇지만, 저는 굳이 말하자면 일은 스포츠나 게임하고 같다고 생각하는 면이 있어요. 그래서 즐길 수 있는 것 같아요.

후계자 친구들하고 이야기하다 보면 선대가 이러저러해서 일하기 힘들다는 불만을 곧잘 듣게 돼요. 하지만 전 '회장님께서 이렇게 해 주셨으면 좋겠다'는 게 없어요. 애당초 타인은 바꿀 수 없어요. 하물며 밑바닥에서부터 시작해서 사업을 성공으로 이끈 사람을 바꾸는 것은 더욱 불가능하겠죠.

예를 들어 게임을 할 때 내 앞을 가로막고 서 있는 상대에게 "불 좀 뿜지 마! 가만히 있어!"라고 요구하지 않잖아요. 그럴 시간이 있거든 주어진 상황을 어떻게 하면 타개할 수 있을지 이래저래 궁리해야 해요. 그래야 앞으로 나아갈 수 있으니까요. 마찬가지로 선대는 바꿀 수 없어도 나 자신이 변할 수는 있으니까 주어진 상황을 정면으로 응시하면서 유연하고 변화무쌍하게 대응해야죠.

창업자야말로 회사의 아이덴티티.

제게 창업자의 뜻은 어떤 측면에서는 고객의 마음보다도 중요해요. 그만큼 창업자는 회사에 있어서 큰 존재이고, 회사도 창업자의 뜻으로 명맥을 유지하고 있다고 진심으로 생각해요.

앞으로 소위 '후계자'가 될 학생이 많은 대학에 이야기하러 갔던 적이 있어요. 그 학생들 중에서 90%는 아마 뒤를 잇지 않을 거예요. 그만큼 후계에 부정적인 이미지를 갖고 있어요. 다들 마치 소설가 다자이 오사무太宰治라도 된 듯, 후계에 대한 세션을 시작하기가 무섭게 "태어나서 죄송합니다"라고 말할 기세였어요. "아버지 뒤를 잇고 싶지 않아요", "이런 집에 태어나지 않았으면 좋았을걸" 이라는 생각만 하더라고요.

제가 "행운 아닌가요? 순서를 건너뛸 수 있잖아요? 멍청한 도련님이 실패하길 모두 기대하며 바라볼 때 보란 듯이 성공하면 재미있잖아요?"라고 말했더니 "이 인간은 뭐야?" 하는 눈으로 쳐다보더라고요.

후계자라서 좋은 점도 많아요. 38살에 주주 총회에 참석할 수도 있고, 수입이 40억 엔인 투자가랑 1대1로 이야기를 나눌 수도 있잖아요. 행운이라는 생각밖에는 안 들어요. 메이저리그 타석에 서는 것은 굉장한 일이지만, 거기에 서는 사람은 몇백 명이나 되잖아요. 30대에 상장 기업 주주 총회를 경험할 수 있는 사람은 아마 그것보다 적을 거예요. 부담이라고 생각하느냐, 행운이라고 생각하느냐죠. 전 행운이라고 생각해요.

그래서 최종적으로 내게 이렇게 많은 기회를 준 회장님의 꿈을 모두 실현시켜 드리고 싶다는 생각을 하게 되요. 그걸 위해서라면 뭐든 할 수 있어요. 회사랑 싸우고 회장님을 속여서라도 성공할 거예요.

회장님 입장에서는 때로 괘씸한 생각이 들 때도 있을 거예요. 그래도 미움 받기 싫어서 회장님이 좋아할 만한 역할만 하다 성적을 내지 못하면, 결국 그게 회장님 성적이 되는 거니까 강행할 수밖에 없어요. 아첨하는 게 제일 편하죠. 하지만 시키는 대로 말을 잘 들어도 실패하면 의미가 없으니까요.

위기에 처했을 때는 악역을 맡는 게 통쾌하니 좋잖아요. 제 이상은 야마사키 도요코山崎豊子의 소설『불모지대不毛地帯』의 주인공 이키壱岐처럼 회장님께서 은퇴하실 때 "함께 하겠습니다"라며 저도 함께 그만두는 거예요. 그런 각오로 일하고 있어요.

–회장님은 한마디로 말해 어떤 존재인가요?

위대한 창업자. 동시에 호적수. 그런 의미에서 회장님께서 계신 덕분에 아이디어가 솟는 것 같아요. "자유롭나요?"라고 묻는다면 그렇지는 않지만 공부는 무척 많이 돼요. '내가 원하는 방향으로 이야기를 끌고 가려면 어떻게 해야 하지?' 하면서 의중을 떠보는 것도 즐거워요. 목표로 하는 산 정상은 회장님하고 같아요. 다만 올라가는 방법이 다른 거죠. 전 회장님을 흉내 낼 수 없어요.

화장님은 『원피스』의 루피.

–인간, 오치 나오마사는 어떤 사람인가요?

정말로 유쾌하신 분이에요. 말도 못하게 쾌활하고 밝으시죠. 특히 젊은 시절에는 무척 장난이 심하셨고 자유분방하셨어요. 원래 오치 나오마사는 회사에 밀짚모자를 쓰고 러닝셔츠에 반바지 차림으로 나타나서 대낮부터 "다들 일은 그만하고 낚시나 하러 가자고!" 하는 사람이에요. 꼭 개구쟁이 해적선 선장, 인기 애니메이션 『원피스』의 주인공 루피 같은 느낌이죠.

그런데 상장한 후로는 그럴 수 없게 됐어요. 하지만 그건 어떤 의미에서는 성공해서 기업을 상장까지 시킨 창업자 모두가 짊어진 숙명인지 몰라요.

그래서 다소 주제 넘는 소리지만, 역시 제가 일을 잘해서 꽃길을 만들어 드리고 싶어요. 이것이야말로 2대의 책무가 아닐까요?

미국에 진출하고 싶다, 세계 제일의 양말 종합 기업으로 만들고 싶다고 회장님께서 쓰셨기 때문에 그걸 달성하기 위해 노력 중이에요. 유럽에서 품질을 인정받았으니까 미국에서도 충분히 성공할 수 있을 거예요. 전에 중국 출점에 관한 이야기도 나왔었는데, 사장님의 꿈 목록에 적혀 있지 않아서 살짝 인맥을 쌓는 수준으로만 진출했어요.

그 정도는 우리 사원들도 다 알고 있고, 회장님의 꿈을 이루어 드리고 싶다고 생각하고 있을 거예요. 의견 차이도 있고 반발할 때도 있지만, 대립하는 부분은 아주 작아요. 예를 들어 파리에 가려고 하는데 나고야名古屋에서 출발할 것인가, 오사카에서 출발할 것인가, 추부 센트레아국제공항中部国際空港セントレア에서 출발할 것인가, 간사이 국제공항関西国際空港에서 출발할 것인가 하는 정도의 차이에요. 최종적으로 내리는 곳이 샤를드골 국제공항이면 되잖아요. 결국 'How'의 차이가 있을 뿐이에요. 중요한 것은 목적이니까 방법론은 아무래도 상관없는 거죠.

–언젠가 회장님께서 사장님께 "수고했어"라고 해주실 때가 올까요?

아니요, 딱히 그런 것은 바라지 않아요. 제 꿈은 창업자의 꿈을 달성하는 거예요. 타비오의 비즈니스 모델은 무척 훌륭해요. 분석해 본 결과, 패션업과 제조업에 같은 모델이 없더라고요. 이른바 블루 오션이죠. 따라서 길에서 크게 벗어나지 않는다면 회장님의 꿈을 실현하는 일은 그리 어렵지 않을 거예요.

타비오는 정말로 재미있는 회사예요. 긴밀한 커뮤니케이션도 비즈니스 모델 중 하나로, 공장과 매장과 본사는 강한 신뢰 관계로 연결되어 있지 않으면 안 돼요. 그런데 우리는 경직되지 않고 적당하게 잘 돌아가고 있어요. 그러니까 환경이 바뀌더라도 우리는 살아남을 수 있어요.

이건 역시 오치 나오마사가 만든 회사이기 때문이라고 생각해요.

오치 가쓰히로

1969년 오사카부 출생. 오사카예술대학을 중퇴하고,
하우스 오브 로제를 거쳐 1997년에 아버지 오치 나오마사가
경영하는 단(현 타비오)에 입사했다.
상품본부장. 대표이사 제1영업본부장 등을 역임하고
2008년 5월에 사장으로 취임했다

양말 외길 60년
괴짜 경영자의 경영철학

초판 1쇄 인쇄 2017년 2월 20일
초판 1쇄 발행 2017년 2월 25일

저자 : 오치 나오마사
번역 : 김진희
펴낸이 : 이동섭
편집 : 이민규, 오세찬, 서찬웅
디자인 : 조세연, 백승주
영업 · 마케팅 : 송정환,
e-BOOK : 홍인표, 안진우, 김영빈
관리 : 이윤미

㈜에이케이커뮤니케이션즈
등록 1996년 7월 9일(제302-1996-00026호)
주소 : 04002 서울 마포구 동교로 17안길 28, 2층
TEL : 02-702-7963~5 FAX : 02-702-7988
http://www.amusementkorea.co.kr

ISBN 979-11-274-0547-2 03320

KUTSUSHITA BAKA ICHIDAI KITERETSUKEIEISHA NO JINSEIKUN written by Naomasa Ochi.
Copyright © 2016 by Naomasa Ochi. All rights reserved.
Originally published in Japan by Nikkei Business Publications, Inc.
Korean translation rights arranged with Nikkei Business Publications, Inc. through Tuttle-Mori Agency, Inc.

이 책의 한국어판 번역출판권은 일본 Nikkei BP社와의 독점계약으로
㈜에이케이커뮤니케이션즈에 있습니다.
저작권법에 의해 한국 내에서 보호를 받는 저작물이므로 무단전재와 무단복제를 금합니다.

이 도서의 국립중앙도서관 출판예정도서목록(CIP)은
서지정보유통지원시스템 홈페이지(http://seoji.nl.go.kr)와
국가자료공동목록시스템(http://www.nl.go.kr/kolisnet)에서 이용하실 수 있습니다.
(CIP제어번호: CIP2017002235)

*잘못된 책은 구입한 곳에서 무료로 바꿔드립니다.